성 장 하 는   조 직 의
리더십 코드

성장하는 조직의
리더십 코드

당신의 팀은 변화할 준비가 되어있나요?

THE
LEADERSHIP
CODE

정석훈 지음

plan b
DESIGN

추천사

 '불확실함'이라는 단어로 우리가 살아가는 세상을 설명하기에는 부족하다는 생각이 들 정도로 변화가 빠른 요즘, 조직은 생존을 위해 더욱 빠른 변화를 선택하려고 노력 중에 있다. 자기 개발을 포함한 개인 변화를 위한 책들은 다양하게 출판되었지만, 현대 조직의 중요한 변화 단위이자 동력인 팀의 변화와 이를 어떻게 개발하는지에 대한 책은 부족한 실정이다. 저자는 여러 조직을 경험하며 팀, 변화, 성과라는 주제로 끊임없이 실무에서도 실험하고 공부하는 실무자다. 컨설팅사, IT사, 그리고 글로벌 모빌리티사에서 경험한 그가 작성한 변화 이야기는 여러 조직에서 참고할 만하다. 특히 다양한 사례와 이론, 현장 전문가들의 인터뷰는 본 책의 구성에 다양성을 주는 장점이기도 하다. 개인 변화뿐만 아니라 조직 변화를 고민하는 분에게 일독을 추천드린다.

이중학 교수_가천대학교 HR데이터분석전공, 〈베터 댄 베스트〉 저자

 이 책은 변화와 성장을 갈망하는 이 시대의 리더들에게 변화에 대한 인사이트와 함께 즉시 실행에 옮길 수 있는 실용적인 지침을 제공합니다. 실행은 전략의 한 부분이 아니라 전부입니다. 변화는 리더들이 먼저 변화를 실행하고 구성원들이 직접 실행할 수 있는 기회와 환경을 제공함을 통해 완성됩니다. 저자의 다양한 실무 경험과 이론에서 나온 지혜를 압축적으로 담은 이 책은 독자들에게 리더십 행동 변화에 필수적

인 인사이트를 제공할 것입니다.

노상충 대표_캐럿글로벌 대표이사

　갓 태어난 아이에게 부모는 우주다. 이 세상이 아무리 넓을지라도, 아이는 부모의 양육을 통해 세상을 만나고, 한 가족의 가치와 문화를 배운다. 조직도 마찬가지다. 한 가정에서 아이가 성장하듯, 한 개인의 경력의 시작은 하나의 팀에서 이뤄지며, 부모가 아닌 리더와 동료들을 통해 일을 배우고 조직 문화를 경험한다. 거대한 글로벌 기업이든 작은 스타트업이든 모두 결국 팀이라는 작은 조직의 집합으로 이뤄진다는 점에서 팀은 개인이 만나는 하나의 세상이자, 더 큰 조직을 보여주는 창이다. 이 책은 HRM과 HRD를 두루 경험하며 조직 개발에 대해 깊이 고민해온 저자의 성찰을 담고 있다. 특히 저자는 사회과학적 이론에 기반한 사례를 제시하고, 현 시점 대한민국에서 가장 주목받는 학계 및 산업계의 전문가와의 대담을 통해 이론과 사례를 끈끈하게 붙여놓는다. 리더십과 조직 개발을 연구하는 입장에서 '어떻게 좋은 팀을 만들까?'는 가장 근본적이면서도 어려운 질문이다. 이 책을 일독하는 것은 같은 고민을 가진 학계와 현장의 모든 이에게 좋은 해갈이 될 것이다.

이진 교수_가톨릭대학교 경영학과

현장에서 저자와 함께 일하면서 얼마나 진심으로 팀의 성장과 변화를 만들어 가는지 직접 볼 수 있었고, 그 순간들은 지금도 가슴 벅찬 기억으로 남아 있습니다.

이 책은 단순히 이론에 그치지 않고, 저자가 현장에서 겪은 시행착오와 성공 경험을 바탕으로 실질적인 노하우와 전략을 담고 있습니다. 팀의 성장을 꿈꾸지만 어디서부터 시작해야 할지 막막한 리더분들께 이 책은 '팀 성장 과정에서 리더가 어떤 역할을 하고, 구성원과 어떤 관계를 만들어야 하는지, 건강한 조직 문화를 위해 시스템과 리더십을 어떻게 정립해야 하는지'에 대한 실질적인 방향과 전략을 제시하는 나침반이 되어줄 것입니다.

또한, 다양한 인터뷰와 전문가 조언을 통해 빠르게 변하는 환경 속에서 리더가 어떻게 팀을 이끌고 변화에 대응할지 현장에서 적용할 수 있는 인사이트를 얻으시길 기대합니다. 저자의 진심과 경험이 담긴 이 책을 통해 더 많은 리더들이 팀과 함께 성장하고 도약할 수 있기를 바라며, 변화를 두려워하지 않는 모든 리더분들을 진심으로 응원합니다.

서지욱 실장_LG CNS People&Culture실

현대 사회에서 조직을 이끄는 것은 점점 난이도 최상의 과제가 되어가고 있습니다. 다변화하는 사회에서 경쟁력 있는 조직을 만들고 성과

를 내기 위해서는 일 관리와 사람 관리를 모두 잘 해야 하는데, 그 두 가지 모두의 복잡도가 점점 높아져만 가기 때문입니다.

리더는 구성원을 성장하게 하고, 커뮤니케이션을 통해 피드백도 잘 주어야 합니다. 리더라고 해서 실무를 놓을 수 없기 때문에 리더는 야근하는 사람이라는 이미지가 굳어지는 것이 현실입니다. 구성원의 입장에서는 일의 난이도와 복잡도가 높아지더라도 가용한 자원은 늘 부족하고, 나를 '갈아서' 일한다는 생각을 하는 중에 무언가를 개선해 보자는 이야기가 나오면 반발심이 불쑥 올라오게 됩니다.

구성원들과 리더의 마음이 합치될 수는 없기 때문에, 흔히들 리더도 구성원도 서로 힘들게 근무 시간을 잘 버티면서 보낸다고들 이야기합니다. 한 배를 타고 풍랑을 헤쳐가는 조직의 구성원들과 리더가 배에서의 시간을 온전히 잘 버티는 데 쓰고 있다면 어떠한가요? 버티는 삶을 살아가는 조직과 개인을 생각하면 매우 답답해집니다.

이 책은 근무 시간을 '버티는' 조직을 벗어나서 좀 더 역동적인 조직, 좀 더 재밌게 일할 수 있는 조직을 꿈꾸는 리더와 HR 담당자들을 위해 쓰여졌습니다. 우리 조직의 즐겁고 행복한 장기적인 여정을 준비하시는 많은 리더분들께 이 책은 좋은 길잡이가 되기를 자처합니다. 변화는 피할 수 없으므로, 유연하게 변화에 올라타서 조직 구성원들과 끝없는 항해를 '버티는 것'이 아니라 즐기는 '여정'으로 만들어 가는 분들이라면, 이 책을 가이드 삼아 이론과 실무의 관점에서 조직 개발을 떠올려 보시기를 추천합니다.

송지은 박사_녹십자 홀딩스, 서강대학교 교육대학원 겸임교수

급변하는 시대, 팀의 성장을 이끄는 리더의 역할에 대한 저자의 통찰이 담긴 이 책은 현대 조직이 직면한 조용한 사직과 대퇴사 현상을 출발점으로 삼아, 조직 변화의 핵심 요소들을 체계적으로 다루고 있다. 특히 주목할 만한 점은 단순한 리더십 이론을 넘어, 팀 리더가 실제 현장에서 마주하는 도전과 해결 방안을 구체적으로 제시한다는 점이다. 한켠에서는 개인 역동에서 시작하여 조직 역동, 시스템과 문화로 이어지는 유기적 구성을 통해 변화 관리의 전체적인 그림을 그려낸다. 저자가 실제 마주한 변화의 경험을 담담하게 풀어냄으로써 연결의 시대에 필요한 리더십의 방향을 제시하며, AI 시대의 데이터 기반 리더십까지 다루어 시의성 있는 통찰을 제공하고 있다. 가족 같은 동료들과 가족 같지 않은 높은 성과를 원하는가? 여기 그 해법이 있다. 일독을 권한다!

정보영 박사_현대자동차 인재개발원

이 책은 조직 개발의 본질과 그 중요성에 대해 실질적이면서도 깊이 있는 통찰을 제공하고 있다. 저자는 현장과 연구 경험을 바탕으로 조직이 효과적으로 성장하고 변화하기 위해 어떤 접근이 필요한지, 그 과정을 어떻게 설계하고 실행해야 하는지를 명쾌하게 제시한다. 특히 이 책은 조직이 겪는 변화와 도전에 대해 심층적으로 다루며, 조직 개발을 통해 문제를 해결하고 긍정적인 변화를 일으킬 수 있는 방법을 말해준다. 구체적인 사례와 실용적인 조언으로 조직 내 리더와 구성원들이 현장에서 활용할 수 있는 유용한 지혜를 담고 있기에 필독을 권한다.

윤소겸 박사_SKTelecom

차례

PART **1**

변화에 강한 조직을 만들기 위한 시작

PART **4**

시스템/문화: 조직이 성장의 플랫폼이 되게 하라

급변하는 시대, 팀장이 마주한 새로운 도전

이찬_서울대학교 첨단융합학부/산업인력개발학과 교수

기업이나 조직에서 인적 자원을 관리하고 탁월한 인재를 육성하기
위해 리더와 육성 전문가들은 다음의 ABC 역량을 갖추어야 한다.

A는 아카데믹Academic 역량이다. 이는 해당 분야에서 업무 수행을 위
한 다양한 이론과 체계적 모형에 대한 깊은 이해를 의미한다. 이를 통해
문제를 진단하고, 효과적인 솔루션을 설계할 수 있는 기반을 마련할 수
있다.

B는 비즈니스Business 역량이다. 조직 내 인사 관리 및 인재 육성 부서
에서 근무하며 쌓을 수 있는 실무 역량으로, 비즈니스의 본질을 이해하
고 이를 통해 조직의 전략적 목표와 인재 육성의 방향성을 연결할 수 있
다. 또한, 효과적인 조직 성장 전략을 도출하는 데 필수적이다.

C는 컨설팅Consulting 역량이다. 이를 통해 이상과 현실 간의 격차GAP
를 발견하고, 변화의 모멘텀을 창출하는 새로운 관점을 제시할 수 있
다. 이 역량은 전문 컨설팅 회사에서의 경험뿐만 아니라 조직 내부에서
컨설턴트로서 활동하며 쌓을 수 있다.

이러한 면에서 이 책의 저자인 정석훈은 서울대학교 산업인력개발
학과 박사 과정에 재학하며 인재 육성에 대한 다양한 이론과 체계적 모

형을 깊이 이해하고 있다. 또한 글로벌 대표 자동차 기업의 인재 개발원과 HRD 컨설팅 회사에서의 경험을 통해 비즈니스 실무를 깊이 이해할 뿐 아니라, 컨설턴트로서의 전문 역량을 갖고 있다. 상기의 ABC 역량을 갖춘 그는 이 책을 통해 독자들에게 조직의 변화와 성장에 대한 새로운 통찰을 제시할 것이라 기대한다.

디지털 트랜스포메이션 시대의 리더들은 다양한 세대가 공존하는 일터에서 개인뿐만 아니라 팀 단위의 집단 지성을 발휘해 성과를 창출해야 하는 과제를 안고 있다. 이 책은 그러한 리더들에게 많은 위안과 공감, 그리고 성찰을 제공할 것이다. 특히 대부분의 관련 서적들이 우수 사례에만 집중하는 반면, 이 책은 실패 사례로부터 얻을 수 있는 교훈의 가치를 통찰한 저자의 경험과 시각을 담고 있다. 독자들에게 실질적이고 귀중한 배움을 선사할 수 있는 저서로, 일독을 권한다.

"인생에서 가장 즐거운 일은 목표를 갖고 그것을 향해 노력하는 것
이다."

-탈레스

기업 현장에서 조직의 성과를 만들어내고 팀의 장기적 성장을
돕는 리더십 전문가이자, 팀 성장을 지원하는 컨설팅 디자이너로서
수많은 조직과 리더들을 만나 왔다. 그들과 함께하면서 느낀 공통
점은 크든 작든 변화의 필요성을 모두가 안고 있다는 것이었다. 변
화에 대한 절박함이 크든, 조금 부족하든, 당장의 큰 변화든, 장기적
관점의 크지 않은 개선이든 간에 말이다.

하지만 변화의 조력자로서 가장 큰 의문은 다음과 같았다.

'조직의 변화를 위해 조직 개발을 포함한 수많은 개입Intervention을 해
도, 왜 어떤 조직은 적극적으로 변화를 이루고 빠르게 성장하는 반면,
어떤 팀은 전혀 변화하지 않을까?'

또한,

'어떤 조직은 구성원과 함께 놀랄 만큼 빠르게 변화를 이루면서 성장하는데, 또 다른 조직은 마치 물을 머금은 장작처럼 불이 붙지 않고 변화의 기미조차 보이지 않는가?'

그렇다면 과연 이 두 조직의 차이는 어디에서 비롯되는 것일까?

많은 조직과 리더들을 만나면서 이 질문들이 항상 머릿속에 맴돌았고, 이에 대한 답을 찾고자 수 많은 구성원과 리더들에게 물었고, 관찰했고, 다양한 자료를 연구했다. 그렇게 찾은 답은 변화의 성공 여부가 조직과 구성원이 변화를 받아들일 준비 상태Readiness와 변화의 저항 요인들에 따라 달라진다는 사실을 깨닫게 되었다.

변화를 위한 준비라는 측면에서는 변화의 필요성에 대한 공감, 구성원의 적극성과 주도성, 상위 리더 및 이해 관계자들의 지원 의지가 영향을 미쳤다. 또한 조직 차원에서 변화를 가로막는 힘으로서 구성원들이 느끼는 변화에 대한 불안감, 조직 차원의 거부감, 문화적, 시스템적 저항 등 복합적인 요소들이 그 예였다.

그러한 원인의 근원을 찾으려 거슬러 올라가다 보니 결국 조직의 기둥과도 같은 리더로 귀결되었다. 현재 형성된 조직 내 다양한 현상과 문화, 구성원의 태도와 반응은 리더의 '어떠함'과 큰 연관이 있었다. 구성원과 함께 자생적인 변화를 끌어내는 리더가 있는가

하면 변화에 무감각하거나 둔감한 리더도 있었다. 변화에 민감한 리더는 인재 육성 전문가의 도움이 크게 필요하지 않았다. 그저 리더가 직접 말하기 어려운 메시지를 전달하거나 구성원의 니즈를 확인해 전달하는 정도면 충분했다. 반면, 변화에 둔감한 리더는 달랐다. 자신의 리더십이나 행동이 구성원에게 어떤 메시지를 전달하는지 모르는 경우가 많았다. 악의가 있는 것은 아니었지만, 문제의 심각성을 인지하지 못해 자녀가 야위도록 방치하는 미성숙한 부모와도 비슷했다.

물론, 조직의 성장이 리더에게만 달려 있다고는 할 수 없다. 훌륭한 리더가 있다고 해서 반드시 훌륭한 조직이 탄생하는 것은 아니다. 역량과 겸손을 갖춘 리더도 조직의 실질적 문제 앞에 좌절하고 고통받는 경우를 우리는 자주 목격한다. 하지만 반대로 부족한 리더 아래서 훌륭한 조직이 만들어지기는 어렵다. 아니, 불가능에 가깝다.

이 책은 변화를 위해 애쓰지만 생각만큼 잘 되지 않아 좌절감을 가진 리더들을 위해 쓰였다. 사실 개인적으로 현업의 리더들을 위한 책을 쓴다는 것이 큰 부담으로 다가왔다. 나보다 더 높은 연차와 탁월한 역량을 가진 리더들이 많기에 나의 부족한 경험과 연륜으로 그들을 위한 책을 쓴다는 것은 쉬운 일이 아니었다. 그러나 한 리더십 기관에서 현업 리더들을 위한 글을 요청받고 그간의 경험과 지식을 글로 정리해 보니 기대 이상의 반응이 있었다. 당연히 모두가 알고 있을 거라 생각했던 리더십의 관점이나 조직 문제 해결의 단서들에 고마워하는 모습을 보며, 부족한 내 경험이나마 공유하는 것도 의미가 있겠다고 생각했다.

이 책은 리더로서 성공의 비결을 가르치려는 책이 아니다. 오히려 현업 리더들을 돕기 위해 리더십과 조직 개발 전문가로서 옆에서 지켜보며 시행착오 속에서 얻은 교훈을 담았다. 당연하게 이 책의 내용이 정답이라 말할 생각은 없다. 조직의 맥락과 상황에 따라 다르게 해석되어야 한다. 하지만 오랜 고민과 문제로 씨름하는 리더들에게 새로운 시각을 제공하고, 예전에 시도해 봤으나 실패했던 방법도 이번엔 다른 관점에서 새롭게 시도해 볼 수 있는 아이디어를 제안하고자 한다.

이 책은 변화에 대한 책이다. 변화를 갈망하고 본인이 사랑하는 조직과 함께 성장하기를 바라는 훌륭한 리더들을 위해 쓰여졌다. 하나씩 새로운 시도를 하며 조직의 변화를 만들어 가는 동반자와 함께 더 좋은 방법을 찾아간다면, 어느새 우리가 원하는 변화에 가까워질 수 있을 것이라 기대한다. 이 책을 펼친 리더들에게 응원의 마음을 전하며, 그들의 노력이 결코 헛되지 않음을 전하고 싶다. 그렇게 한 걸음씩 나아가다 보면, 꿈꾸던 리더와 조직의 모습에 어느

새 도달해 있을 것이라 응원하며 이 책을 시작한다.

이 책이 나오기까지 많은 분의 도움을 받았다. 무엇보다 항상 나를 지지하고 응원하는 나의 아내 현주. 한 가지에 꽂히면 반드시 해야 직성이 풀리는 남편을 만나 고생이 많다. 항상 고마운 마음 깊이 간직하고 있다는 말을 전하고 싶다. 박사 과정에 이어 두 번째 책까지 쓰게 되었지만, 아내가 없었다면 이 모든 것은 불가능했을 것이다. 그리고 세상 무엇과도 바꿀 수 없는 두 딸 이은과 이나. 항상 바쁜 아빠를 기다려 주고 사랑한다고 말해주는 너희는 나의 가장 큰 보물이자 선물이다. 너희들로 인해 매일이 행복하고 고맙다. 우리 가족들 덕분에 더 나은 사람이 되고자 항상 다짐한다.

항상 기도해 주시고 든든한 지원자가 되어 주시는 아버지와 어머니, 장인어른과 장모님께 어떻게 감사의 마음을 다 표현할 수 있을지 모르겠다. 가족의 든든한 지지와 지원이 앞으로 나아갈 수 있는 원동력이 되어주어 깊이 감사드린다.

그리고 이 책이 나오기까지 큰 경험을 안겨준 LG CNS 세 분의 리더께 감사의 말씀을 드린다. 지금은 KT에 계시지만 LG CNS에서 L&D 담당을 이끌어주셨던 김경아 상무님, 서지욱 실장님, 김향미 팀장님께서 믿어주고 기회를 주셨기에 이 책이 탄생할 수 있었다. 그리고 지금 속한 인재 개발원의 리더와 동료분들께도 깊은 감사의 마음을 가지고 있다는 점을 전하고 싶다. 또한 서울대 산업인력개발전공의 김진모 교수님, 나승일 교수님, 정진철 교수님, 최수정 교수님, 김동호 교수님께 감사드린다. 덕분에 배움의 지경이 넓어지고, 이 책을 쓸 수 있는 인사이트를 얻을 수 있었다. 그중에서도 박사 과정에 진학하도록 조언해 주신 이찬 교수님과 새로운 배움과 도전을 주시는 조태준 지도교수님께 특별한 감사의 말씀을 전하고 싶다.

이 자리를 빌려 감사의 마음을 전하고 싶은 분들이 너무나 많지만 지면의 한계로 인해 다 담지 못해 아쉬울 따름이다. 그러나 항상 깨달음을 주고 새로운 도전을 선사해 준 모든 분들 덕분에 오늘의 나와 이 책이 있음을 결코 잊지 않겠다. 모두에게 감사드리며 이 글을 마친다.

PART

1

변화에 강한

조직을

만들기 위한

시작

이 시대의 3연타

조용한 사직, 대퇴사, 대이직

조용한 퇴직의 시대

최근 전 세계 20~30대의 젊은 직장인들 사이에서 '조용한 퇴직 quiet quitting' 트렌드가 급격히 확산되었다. 이는 미국에 거주하던 20대 엔지니어 '자이들 플린Zaidle ppelin'이 소셜 네트워크 플랫폼인 틱톡Tiktok에 올린 영상이 화제가 되며 전 세계로 확산됐다. 그는 영상에서 직장에서 업무적으로 더 나아가야 하는 강박에서 벗어나 '주어진 일 외에는 절대적으로 하지 않는다는 의미로 '조용한 퇴직'이라는 단어를 알게 되었다고 말했다. 일은 당신이 아니며 당신은 직장에서 하는 일의 결과물로 정의되지 않는다고 강조했다. 이는 직장을 그만두지는 않지만 정해진 시간과 업무 범위 내에서만 일하겠다는 태도를 의미한다. 이후 다수의 소셜 네트워크 서비스에서 'quietquitting'이라는 해시태그를 통해 여러 사용자들이 이 주제를 공유했다. 그러자 〈월스트리트저널〉, 〈뉴욕타임즈〉, 〈워싱턴포스트〉 등 주요 외신들도 신드롬처럼 번지는 조용한 퇴직과 관련된 분석 기사들을 잇따라 다루었다.

대퇴사/대이직 시대의 도래

대퇴사의 시대도 열렸다. 대퇴사 시대란 미국 텍사스 A&M대학의 앤서니 클로츠 교수가 언론과의 인터뷰에서 처음 사용했고, 이를 통해 공식 용어로 자리잡은 단어다. 이는 1929년 미국의 '대공황 The Great Depression'이라는 용어에서 차용한 표현인데, 2021년 코로나 팬데믹과 맞물려 미국에서는 2021년 1월부터 10월까지 동안에만 3,900만 명의 직원이 자진 퇴사 및 이직을 했다. 이는 통계를 집계한 2000년 이후 전례 없는 최고의 통계다. 클로츠 교수는 퇴사의 물결이 일시적 현상이 아닌 사회적 구조의 변화라고 보았다. 때문에 그냥 퇴사가 아닌 대퇴사라고 이름 붙였다.

그와 함께 최근 한국 기업의 가장 큰 고민은 구성원의 이직이다. 대기업 중심의 공개 채용이 수시 채용으로 전환되면서 빠르게 업무 성과를 낼 수 있는 경력자 또는 경력자 같은 중고 신입의 수요가 늘었다. 그로 인해 채용(이직) 시장은 호황을 맞이했다. '사람인'과 '잡코리아' 같은 전통적인 채용 플랫폼뿐만 아니라, 소셜 네트워크 기반의 링크드인이나 커뮤니티와 교육 사업, 헤드헌팅 사업 모델을 결합한 원티드 플랫폼 등 수 많은 채용 서비스가 활성화되면서 채용 정보와 이직의 기회는 훨씬 늘어났다.

구직자 입장에서도 자신의 몸값과 경쟁력을 올릴 수 있는 무한한 기회가 생겼다. 특히 스타트업과 IT 기업 호황으로 많은 투자금이 몰리면서 기업들은 앞다투어 인재 확보를 위한 전쟁에 뛰어들었고, 더 뛰어난 인재 확보를 위한 조건과 보상을 상향했다. 이로 인해 구직자들은 더 좋은 조건으로 이직할 수 있었다. 이직을 위한 수요와 공급 측면이 함께 올라갔기에 과히 대이직의 시대라는 표현이 아깝지 않은 정도다.

이제는 내부에서 인재 전쟁까지

외부로의 이탈뿐 아니라 '조직 내부에서의 이직'도 활발해지고 있다. 리더에게는 구성원의 이직뿐 아니라 자사 내 다른 조직으로 떠나는 전배 또한 이직으로 여겨진다. 최근 많은 기업에서 다른 기업으로의 이직을 막기 위해 자사 내부에서 팀 이동을 권장하고 있고, 그에 맞는 제도를 만들고 있다. 저자가 근무했던 대기업 IT 회사에서는 구성원을 대상으로 신규 경력 개발 제도를 도입했다. 사람인 채용 사이트와 같이 사내 리크루팅 사이트를 도입하여 상시로 구성원이 직접 원하는 팀을 선택하여 지원하고, 합격하면 무조건 공식적인 팀 이동이 가능하도록 지원하는 제도였다. 이는 리더 입장에서는 다른 기업으로의 이직뿐 아니라 사내에서도 팀원을 뺏길까 전전긍긍하는 무한 인재 전쟁의 서막을 알리는 신호탄이 되었다.

제도가 도입된 후 구성원의 반응은 뜨거웠다. 업무나 관계에 대한 고민으로 이직을 고려하던 구성원이 외부보다 먼저 내부 팀 이동으로 눈을 돌렸고 이직률이 눈에 띄게 낮아졌다. '조직 내 이직'으로 인한 만족도도 높아졌는데, 새로운 회사로 갈 때 잃게 되는 현재의 인적 네트워크나 리스크를 최소화하되, 새로운 커리어를 시작할 수 있는 일석이조의 선택으로 보였다.

반면 팀장들은 곤경에 빠졌다. 제도 도입 1년 만에 수많은 팀원이 상시 사내 전배 제도를 통해 팀을 옮겼다. 심각한 팀은 20명 팀원 중 12명이 팀을 옮겨 조직의 운영 자체가 어려운 상황들이 발생했다. 이런 팀장들의 어려움과 하소연을 들은 CEO는 '누구도 오고 싶지 않아 하는 팀이라면 없애는 것이 낫다'는 한마디로 일축했고, 팀장들의 고민은 더욱 깊어졌다.

왜 이렇게 팀원 경쟁의 부익부 빈익빈 현상이 발생하는 걸까? 어떤 팀은 서로 오고 싶어 경쟁이 발생하는 반면, 어떤 팀은 모두가 떠날 궁리만 하고 동료가 먼저 떠나면 부러움을 금치 못하는 현실이다. 이 두 가지 유형의 팀은 무엇이 다르며, 모두가 오고 싶어 하는 팀의 특징은 무엇일까?

서로 오고 싶어 하는 팀
vs
모두가 떠나고 싶어 하는 팀

"행복한 가정은 모두 비슷한 이유로 행복하지만, 불행한 가정은 저마다의 이유로 불행하다."

-톨스토이

구글에 꼭 필요한 산소^{Oxygen Project}는 무엇일까?

리더십에 관심이 많은 사람이라면 구글의 산소 프로젝트를 들어본 적이 있을지 모른다. 구글은 인력 분석팀^{People Analytics} 중심으로 산소 프로젝트^{Oxygen Project}를 발족해 구글 내 팀장급 이상에 관한 자료 100종류, 1만 건 이상의 데이터를 수집하여 분석했다. 프로젝트 이름에서 알 수 있듯 '좋은 리더야말로 조직에 꼭 필요한 산소와도 같다'는 의미로 시작하여 탁월한 리더의 조건은 무엇인지를 찾았다. 프로젝트는 1년 동안 진행되었고, 수만 건의 인사 데이터를 분석하여 상위 25%의 팀과 하위 25%의 팀을 구분짓는 결정적인 요인을 발견했다. 이를 통해 도출된 탁월한 리더의 8가지 조건은 다음과 같다.

1. **좋은 코치가 된다**^{Be a good coach}

   직원들의 성장과 발전을 지원하고, 피드백을 통해 직원들이 스스로 발전할 수 있도록 돕는다.

2. **팀과 정기적으로 소통한다**^{Empower the team and don't micromanage}

   팀원들에게 책임감을 부여하고, 업무를 미세하게 관리하기보다 자율성을 존중한다.

3. **팀원들의 성공과 행복에 관심을 기울인다**^{Express interest in team members' success and well-being}

   팀원 개개인의 성장과 성과뿐만 아니라, 그들의 삶과 행복에도 관심을 가지며 배려한다.

4. **생산적이고 결과를 중시한다**^{Be productive and results-oriented}

생산성과 성과에 집중하며, 명확한 목표를 설정하고 결과를 끌어내는 것을 중시한다.

5. **훌륭한 의사소통을 한다**Be a good communicator

효과적으로 경청하고, 팀원들과 열린 대화를 통해 의사소통한다.

6. **직원들의 커리어 개발을 돕는다**Help with career development

직원들의 커리어 경로를 지원하며, 장기적인 성장에 기여할 수 있도록 멘토링한다.

7. **명확한 비전과 전략을 제시한다**Have a clear vision and strategy for the team

팀의 목표와 방향을 명확하게 설정하고, 비전을 공유하여 팀이 일관된 전략을 따르게 한다.

8. **기술적 전문성을 보유하고 있다**Have key technical skills to help advise the team

리더는 팀을 지원할 수 있는 기술적 전문성을 갖추고, 문제 해결에 기여할 수 있어야 한다.

구글 최고인적자원책임자CHRO인 라즐로 복은 "조건들을 중요도에 따라 순위를 매기자 뜻밖의 결과가 나왔다"라며 "직원들은 기술적인 전문성(우수성)을 가진 리더보다 1대 1 미팅을 자주 만들어 대화하고, 직원들의 삶과 경력 관리에 관심을 가져주는 리더를 더욱 선호했다"고 말했다. 우리가 일반적으로 생각하는 탁월한 리더의 조건과는 조금 달랐다. 조직을 탁월하게 이끄는 리더는 성과 창출 이상의 리더십 발휘가 필수라는 것이 산소 프로젝트의 결론이었다.

후속작 '프로젝트 아리스토텔레스'

구글은 산소 프로젝트의 결과를 리더십 교육에 적용했고 그 결과는 만족스러웠다. 하위 25%의 팀장 중 4분의 3이 팀원들로부터 리더십이 개선되었다는 평가를 받았고, 구글의 1인당 순익 기여도 또한 상승세로 돌아섰다. 이후 구글은 산소 프로젝트의 성공을 바탕으로 '구글 룰스Google's Rules'를 만들었고 책*으로도 출간되었다.

그러나 이후 직원 1인당 순익 기여도가 다시 줄어들며 새로운 답을 찾고자 후속 프로젝트인 아리스토텔레스를 발족했다. '전체는 부분의 합보다 크다'는 아리스토텔레스의 명언을 차용했기에 아리스토텔레스 프로젝트로 명명했다. 프로젝트 팀은 최고의 팀의 특성을 찾는 데 4년을 쏟았다.

연구 대상으로는 180개 팀을 선정했고, 여기에는 성과가 높은 팀과 낮은 팀이 혼합되어 있었다. 이 연구는 팀 구성(예: 성격 특성,

---

* 라즐로 복, 〈구글의 아침은 자유가 시작된다〉, 알에이치코리아, 2021.

기술, 팀의 인구 통계)과 팀 역학(예: 팀원과 함께 일하는 것이 어땠는지) 등이 팀의 효과성에 어떤 영향을 미치는지 확인했다. 이를 검증하기 위해 리더들과 수백 건의 이중 맹검 방식의 인터뷰를 진행했다. 이 방식은 이 인터뷰하는 사람과 받는 사람이 서로 어떤 기대를 가지고 있는지 모르는 상태에서 진행되어 더 객관적인 결과를 얻을 수 있도록 설계했다. 또한 구글 직원들의 연례 참여 설문 조사와 장기적인 'gDNA 연구'라는 데이터베이스를 활용하여, 최고의 팀에서 나타나는 특성과 영향을 미치는 변수를 분석했다.

모든 데이터를 사용하여 팀은 수집된 많은 입력 중 어떤 것이 실제로 팀 효율성에 영향을 미치는지 이해하기 위해 통계 모델을 실행했다. 또한 수백 개의 변수에 대해 35개 이상의 서로 다른 통계 모델을 사용하여 다음과 같은 요인을 식별하고자 했다. 그만큼 증거 기반의 객관적 연구방식을 활용한 피플 어낼리틱스People Analytics의 시초라고 볼 수 있을 만하다.

최고의 팀의 특성은 아래 5가지로 수렴되었다.

● **특성 1: 최고의 팀은 심리적 안전감이 충만하다**

'심리적 안전감'이란 팀 내에서 누군가가 의견을 내거나 질문을 할 때, 그것이 인간 관계나 직장에서 불이익으로 이어지지 않을 것이라는 믿음을 공유하는 상태를 의미한다. 심리적 안정감이 높은 팀에서 팀원들은 팀원 주변에서 위험을 감수하는 것이 안전하다고 느낀다. 그들은 팀의 어느 누구도 실수를 인정하거나, 질문하거나, 새로운 아이디어를 제안하는 것에 대해 다른 사람을 당황하게 하거나 벌을 주지 않을 것이라고 확신한다.

●특성 2: 최고의 팀의 팀원들 사이에는 높은 상호 의존성이 존재한다

상호 의존성이랑 조직의 구성원으로 모두가 연결되어 있으며, 각각의 자리에서 주어진 역할을 인지하고, 연결성 안에서 각자의 최선을 다하고 있음을 의미한다. 즉, 자신에게 주어진 책임을 다하지 않으면 팀 전체가 곤경에 빠질 수 있고, 이는 팀의 성과가 각 개인의 성과와 긴밀하게 연결되어 있음을 알고 있다는 의미다.

●특성 3: 최고의 팀 안에는 구조와 명확성을 가지고 있다

최고의 팀은 목표와 구성원 각각의 역할을 명확히 설정되어 있고, 시스템적으로 작동하는 구조가 있다. 이는 구성원의 동의나 합의를 통해 설계되었고, 구성원 간 지나친 간섭은 하지 않고, 팀원들이 스스로 책임을 질 수 있는 토양이 된다.

또한 공동의 합의된 방식Rule이 있다. 공통된 합의가 있기에 하나하나 다 확인하지 않아도 무엇을 어떻게 해야할지 예측 가능하다. 특히 목표를 수립하고 달성하는 과정에서 구체적이고 도전적인 목표 수립과 이를 뒷받침하는 시스템 구조가 존재한다.

● 특성 4: 최고의 팀은 각각의 구성원들에게 충분한 의미를 부여한다

최고의 팀은 각 팀원에게 주어진 역할과 목표는 명확히 전달하고, 그것이 개인에게도 의미 있는 일이라는 공감을 얻는다. 이는 팀원이 자신의 역량을 최대한 발휘할 수 있게 하는 중요한 요인이다.

앞서 언급한 '구조와 명확성'과는 달리, 이 경우 개인의 역할이 단순히 업무 분배를 넘어 팀의 목표에 기여한다는 인식을 공유한다. 본인이 하는 일이 팀 전체의 목표와 가치에 기여하는 중요한 일이라는 믿음이 있어야만 자신이 맡은 역할에서 성장할 수 있다. 이는 리더뿐만 아니라 팀원 모두가 참여하여 만들어가는 팀 문화의 일부로 볼 수 있다.

● 특성 5: 최고의 팀은 그 무엇보다 그들만의 좋은 목적을 공유한다

본인의 업무의 결과가 차이를 만들고 있다는 주관적인 인식은

1 심리적 안전감
팀원들이 서로 앞에서 리스크를 감수하고
취약함을 드러내는 것에 대해 안전하다고 느낌

2 상호 의존성
팀원들이 정해진 기한 내에 일을 완수하며,
조직의 높은 기대 수준을 충족시킬 수 있음.

3 구조와 명확성
팀원들이 명확한 역할, 계획, 목표를 가지고,
스스로 판단할 수 있는 기준을 가지고 있음

4 의미 부여
업무가 팀원들에게 개인적으로
중요한 의미를 지닐 수 있음

5 목적 공유
팀원들이 자신들의 일이 의미 있고 변화를 창출한다고
인식하고, 목적 의식을 공유

re:Work

최고의 팀의 특성

팀에 중요하다. 즉, 자신의 업무가 조직의 목표에 기여하고 있고, 유의미한 활동이라는 것을 인지할 때, 구성원의 동기와 역량은 극대화된다. 즉, 최고의 팀은 구성원 각자의 일을 단순한 업무로 여기지 않고, 더 큰 목적과 가치를 실현하는 일로 인식하게 돕는다.

유의미하지 않은 요인들

하지만 최고의 팀에 드러나는 특징 중 통계적으로 유의미하지 않은 변인들이 있었다. 그 내용은 아래와 같다

- 합의 중심의 의사 결정 방식
- 팀원의 개인 성과
- 업무량 과다 정도
- 팀의 규모

물론 구글은 이러한 변수가 구글의 팀 효율성 측정에 큰 영향을 미치지는 않았지만 다른 곳에서는 중요하지 않다는 의미는 아니라고 말한다. 하지만 일반적으로 생각하는 '좋은 팀'에 대한 생각과 연구의 결과가 일정 부분 다르다는 점은 기억할 필요가 있다. 예를 들어 최근 수평적 조직과 소통에 대한 관심이 늘어나면서 팀 내 합의 중심의 의사 결정 방식에 대한 관심이 늘었다. 팀의 방향을 결정하고 추진하는 과정에서 민주적인 합의 과정을 반드시 거쳐야 한다고 주장하는 이들도 많다. 하지만 아리스토텔레스 프로젝트의 결과에선 좋은 팀을 만드는 필수적인 요건으로는 유의미하지 않다고 나왔다. 업무량 과다나 팀의 규모도 마찬가지이다. 단순히 생각할 때,

업무가 과중하고 힘든 팀에 있다면 떠나고 싶어 할 것이라 생각한다. 또한 팀원이 많은 대규모의 팀의 경우 소속감을 느끼지 못하여 팀에 대한 만족도도 떨어질 것이라 생각하기 쉽다. 하지만 구글의 연구 결과는 의사 결정 방식, 업무량, 팀의 규모는 좋은 팀의 조건에 필수적이지 않다고 말한다.

그렇다면 우리 팀은 모두가 오고 싶어 하는 팀인가? 그렇지 않은가? 다음의 체크 리스트를 보며 생각해보자.

우리 팀은 어떤 팀인가요? 자가 점검 체크 리스트

1. 우리 팀의 리더는 구성원의 성장과 발전을 위한 피드백을 지속적으로 제공하고 있습니까?

2. 우리 팀의 리더는 기술적 전문성과 함께 명확한 비전과 전략을 제시하고 있습니까?

3. 우리 팀에서는 실수나 새로운 아이디어 제안 때 비난받을 걱정 없이 안전하게 표현할 수 있는 분위기가 조성되어 있습니까?

4. 팀원들 간에 상호 신뢰와 솔직한 대화가 이루어지는 환경이 조성되어 있습니까?

5. 팀원들은 본인의 업무가 팀의 목표 달성에 중요한 기여를 하고 있음을 인지하고 있습니까?

6. 우리 팀은 각자의 역할과 책임이 명확하게 정의되어 있습니까?

7. 우리 팀은 합의된 업무 절차와 일하는 방식Working Rule이 잘 정리되어 있고, 이를 통해 업무 추진 과정이 예측 가능합니까?

8. 팀원들은 자신의 업무에서 의미를 느끼고, 그 업무가 조직의 성공에 기여한다고 생각합니까?

9. 팀원들은 공동의 목표를 명확히 이해하고, 그 목표를 공유하고 있습니까?

10. 우리 팀의 목표가 조직의 비전과 명확히 연결되어 있다고 느끼고 있습니까?

체크 리스트 해석

항목 수	우리 팀은?	설명
9~10개	모두가 오고 싶은 이상적인 팀	팀의 리더십, 심리적 안정감, 상호 신뢰, 명확한 역할 분담과 목표 공유 등 모든 면에서 뛰어난 팀입니다.
7~8개	성공적인 팀, 개선의 여지 있음	팀은 대체로 긍정적이며, 몇몇 영역에서 개선의 여지가 있습니다. 추가적인 노력을 통해 더 나은 팀이 될 수 있습니다.
4~6개	평균 수준의 팀, 여러 부분에서 개선 필요	팀은 일부 강점을 가지고 있지만, 주요 영역에서 많은 개선이 필요합니다. 리더십이나 협력성 강화를 통해 팀 성과를 높일 수 있습니다.
0~3개	지금 변화가 필요한 팀	팀 내에 여러 문제가 있으며, 리더십, 팀워크, 심리적 안정성 등 다양한 측면에서 개선이 요구됩니다. 지금 변화에 집중하면 더 나은 성과를 얻을 수 있습니다.

바보야, 문제는 조직 몰입이야

조직의 시대에서 개인의 시대로

여론 조사 기관 갤럽의 '2023 세계 직장 현황' 보고서에 따르면 전 세계 직장인 중 몰입하고 있다고 답한 직장인은 전체의 23%에 불과했다. 반면 일은 하고 있으나 심리적으로는 일에 몰입하지 않고 있는 직장인은 59%나 차지했다. 와튼 스쿨의 애덤 그랜트 교수는 이와 같은 저몰입 현상이 최근에 새롭게 드러난 문제는 아니지만, 최근 들어 조직의 성과에 문제가 될 정도로 수치가 증가했다고 말했다.

조직에서 나타나는 낮은 동기 수준과 저몰입 현상은 일에 대한 의미 인식과 성공, 성장에 대한 구성원들의 인식 변화가 주요한 원인으로 볼 수 있다. 이제는 당연하게 여겨지는 워라밸Work-Life Balance 은 이러한 인식 변화를 단적으로 보여준다. 조직에서의 성공과 출세를 위해 밤낮 가리지 않고 일에 열중하던 시대에서 개인의 일과 삶의 균형을 찾고 일을 통한 구성원의 만족을 추구하는 시대로 변화한 것이다. 뿐만 아니라 성공에 대한 평가 기준이 승진이나 연봉에서 자부심, 성취감, 행복과 같은 주관적인 의미까지 포함되기 시작되었음을 의미한다.

이와 함께 평생 직장은 사라지고 경력 개발의 주체도 개인으로 변화되었다. 예전에는 조직이 직원들에게 명확한 경력 경로와 함께 장기적 고용을 제시하고, 그에 대한 대가로 구성원은 조직에게 충성하였지만, 이제 조직 내 구성원들은 그것을 기대하지도 원하지도 않는다. 오히려 조직에 대한 경계를 두지 않고 회사 안과 밖에서 자신의 경력 목표를 설정하고 퇴사와 이직을 불사하며 자신의 경력을 만들어간다. 또는 회사에서는 저몰입 상태로 최소한의 할일을 이어갈 뿐 퇴근후 본격적으로 시작되는 자신의 인생을 이어가는 방식을 선택한다. 잡으려 할수록 멀어지는 구성원의 몰입. 이를 위해 리더와 조직은 무엇을 할 수 있을까?

구성원의 성장 욕구에 집중할 시간

"지금까지의 경영은 조직의 필요를 중심으로 이루어져 왔다. 하지만 앞으로의 경영은 구성원의 필요에 집중해야 하는 시기가 올 것이다. 조직은 이제 더이상 이익을 창출하는 기계가 아니라, 개인의 성장과 자아 실현을 도울 수 있는 수단이 되어야 한다"는 피터 드러커의 말처럼 기존의 조직에서는 조직 전반의 동기 수준을 높이거나 조직의 방향에 구성원을 동참시키는 방식으로 진행되었다. 하지만 앞으로는 초점이 바뀌어야 한다. 개별 구성원의 니즈에 집중해야 한다. 그중에서도 특히 구성원의 성장 욕구가 어디에 있는지를 찾아야 한다. 구성원이 성장하고자 하는 업무 영역이 무엇인지, 구성원이 더욱 몰입하기 위해 필요한 지원은 무엇인지 찾아야 한다.

또한 조직과 구성원을 이어주는 연결 고리가 더 많아져야 한다. 조직은 구성원이 본인의 강점을 최대한 발휘하여 몰입할 수 있는 영역을 찾아 이어주고, 구성원이 조직의 전략적 방향을 인지하고, 그 안에서 의미를 찾을 수 있도록 재해석하고 전달하는 역할이 필요하다. 이를 통해 구성원은 본인 안에 숨어있던 성장 욕구를 발견한다. 구성원 스스로가 본인의 성장과 발전을 진심으로 추구할 때 그 결과로 팀과 조직은 성장한다. 조직의 성공을 위해 개인의 희생을 강요하던 시대는 이미 끝났다.

의미를 추구하는 시대

맥킨지는 리더의 중요한 성격적 특성으로 지능지수^{IQ}, 감성지수 ^{EQ}에 더해 의미지수$^{MQ,\ Meaning\ Quotient}$를 추가했다. 의미지수는 구성원들이 자신이 하는 일을 통해 의미를 찾도록 돕는 역량을 의미한다. 최근 세대의 구성원은 그 어느 때보다 의미를 중요시하고 찾기원하는데, 의미지수가 높은 리더와 일하는 것은 구성원들이 본인의 일에 집중하고, 몰입할 수 있다고 설명했다. 덴마크의 컨설팅 회사인 볼룬타스는 구성원들이 의미있는 일을 할 수 있도록 네 가지의 요소를 통해 의미를 구체화했다.

- 구성원들이 조직의 목적을 잘 알고 신뢰하는가?
- 구성원들이 스스로 성장하고 있다고 느끼는가?
- 구성원들이 조직 내 다른 사람들과 정서적·사회적 소속감을 느끼는가?
- 구성원들이 리더가 명쾌하고 인간적이라고 느끼는가?

이러한 흐름을 반영하듯 마이크로소프트는 구성원 스스로가 의미를 찾고 주도적 업무 행동을 하도록 지원하는 방법으로서 번영 ^{Thriving}이라는 개념을 제시했다. 번영은 구성원 중심의 동기 관리 방안으로 일을 하는 동안 에너지가 충만하고 스스로 발전해 나가고 있다고 느끼는 마음의 상태를 의미한다. 이를 위해 성장 마인드셋을 기반으로 하여 성장을 강조하는 조직 문화를 구축하고, 구성원의 주도적 행동을 돕기 위한 시스템을 마련하는 노력을 하고 있다. 다양한 방식으로 구성원의 생각과 의견을 수시로 확인하고, 이를 바탕으로 구성원들에게 개별화된 정보를 제공한다. 또한 구성원의 일상을 관찰하고 즉각적인 피드백을 제공함으로써 에너지 소진을 사전에 방지하고 회복을 위한 방안을 마련한다. 뿐만 아니라 구성원 간의 연결을 지향하며, 상호 작용을 촉진하는 다양한 활동으로 구성원이 몰입하고 성장하는 토양을 마련한다. 이를 통해 마이크로소프트는 글로벌 1위 기업으로의 위상을 탈환했다.

글로벌 기업이라서 가능한 것 아니냐고 묻고 싶을지도 모른다. 하지만 원리는 동일하다. 요즘 애들은 왜 끈기가 없냐고 다그칠 것이 아니라 시대가 바뀐 것을 인정해야 한다. 구성원들이 본인의 에너지와 역량을 마음껏 쏟아부을 수 있도록 토양을 마련해야 한다. 구성원들의 몰입을 끌어낼 수 있는 방법은 무엇일까? 1992년 미국 대선에서 승리한 빌 클린턴이 내세운 구호 '바보야, 문제는 경제야'를 빗대어 이야기해 보겠다.

"바보야, 문제는 구성원의 몰입이야."

조직의 변화를 만드는 방법

조직 개발

최근 들어 HRD^{Human Resource Development}의 중요한 영역으로서 조직 개발^{Organizational Development, OD}에 대한 관심이 빠르게 확산되고 있다. 조직 개발이란 조직의 구조, 프로세스, 문화, 행동을 체계적으로 개선하여 더 효과적으로 운영하고 성장하도록 돕는 활동을 의미한다. 이를 통해 구성원의 잠재력을 끌어내고 새로운 문제에 대응하며, 지속 가능한 경쟁력을 확보할 수 있다. 특히 조직 개발은 변화와 혁신을 추진하는 데 필요한 힘을 제공하며, 성과와 성장을 동시에 추구하는 전략적 활동으로 자리잡고 있다. 많은 기업에서 조직 개발을 전담하는 부서를 신설하거나, 경영진이 직접 조직 개발의 중요성을 논의하는 사례 또한 늘어나고 있다. 이는 더 이상 HR 전문가들만의 영역이 아닌, 조직 전체의 변화와 성장을 위한 필수적인 전략으로 자리 잡았음을 의미한다.

그렇다면 왜 지금 조직 개발이 이렇게 주목받고 있는 것일까? 이는 오늘날 기업들이 겪는 거시적인 환경 변화와 그로 인한 조직 내 갈등의 심화와 밀접한 관련이 있다. 조직 개발의 아버지인 쿠르트 레빈Kurt Lewin의 연구 주제였던 '사회적 갈등의 해결'이라는 개념을 떠올리면, 지금 조직에서 갈등이 그 어느 때보다 두드러지고 있다는 것을 알 수 있다. 레빈은 갈등이 조직 발전을 저해하는 핵심 요소라고 강조했으며, 오늘날의 조직들은 변화하는 외부 환경 속에서 내부적으로 복잡한 갈등과 도전에 직면하고 있다.

가톨릭대 경영학과 이진 교수도 유사한 맥락에서 최근 조직 개발의 중요성을 강조하며, "거시적인 시스템 변화로 인해 조직과 구성원 간의 급격한 변화가 발생했으며, 이로 인해 조직 내 갈등이 그 어느 때보다 두드러지고 있다"고 지적한다. 그는 이러한 변화를 코로나19 팬데믹, 디지털 전환, 인력 구조의 변화와 같은 주요 요인들로 설명하면서, 기업이 지속적인 성과를 창출하기 위해서는 조직 개발이 필수적이라고 강조한다.

조직 개발은 단순히 외부 변화에 대응하기 위한 도구가 아니라, 조직 내부의 역량을 극대화하고 변화에 적응할 수 있는 체계적인 방법을 제공한다. 특히 조직 개발의 핵심은 구성원들이 변화의 필요성을 공감하고, 자발적으로 변화에 참여하는 환경을 조성하는 것에 있다. 이때 변화는 단순한 성과 향상만을 목표로 하는 것이 아니라, 조직 전체의 성장과 지속 가능한 발전을 위한 필수적인 과정이다.

또한 조직 개발은 리더의 지시에 의한 변화가 아니라, 구성원들이 스스로 변화를 주도하고 실천할 수 있는 환경을 만들어 가는 데 중점을 둔다. 구성원들이 주체가 되어 변화를 끌 때 그 성과는 더욱 높아진다. 이는 조직의 효율성을 극대화하는 것뿐만 아니라 지속적인 성과 창출의 토대가 된다. 급변하는 시장 환경 속에서 기업은 경쟁력을 유지하기 위해 지속적으로 변화하고 혁신해야 하며, 조직 개발은 이를 가능하게 하는 중요한 역할을 담당한다.

이러한 맥락에서 조직 개발은 단기적인 대응책이 아니라, 조직의 장기적인 성공을 위한 전략적인 프로세스로 자리 잡고 있다. 갈등을 해결하고, 변화와 성장을 촉진하며, 지속 가능한 성과를 창출할 수 있도록 리더와 구성원 모두가 함께 변화를 주도하는 것이 조직 개발의 본질이다.

조직 개발에 대한 다양한 접근

조직 개발은 급변하는 환경 속에서 조직이 경쟁력을 유지하고 더 나은 성과를 달성하기 위해 필수적인 활동이다. 이는 단순한 변화 관리가 아닌, 조직 전체의 지속적인 개선self-improvement과 성장에 초점을 맞춘다. 포라스·로버트슨Porras & Robertson(1992)은 조직 개발을 조직 구성원의 행동 변화를 통해 개인의 성장과 조직 성과를 향상시키는 노력으로 정의하였다. 이처럼 조직 개발은 조직의 모든 단계에서 계획적으로 실행되며, 변화와 혁신을 통해 조직의 효율성을 증대시키는 것을 목표로 한다.

쿠르트 레빈은 조직 개발 이론의 선구자로, 변화 과정에 대한 3단계 모델을 제시했다. 이 모델은 조직 변화가 어떻게 이루어져야 하는지를 설명하는데, 조직 내에서 변화의 필요성을 인식시키고 변화를 실행하며, 최종적으로 새로운 변화가 안정되도록 돕는 과정을 제안한다. 레빈의 모델은 조직이 변화를 추진하는 기본적인 틀을 제공하며, 현 상태를 유지하려는 힘을 감소시키고 변화를 촉진하는 힘을 강화해야 한다고 설명한다.

- **해빙**Unfreezing: 변화의 필요성을 인식시키고, 현 상태에 대한 고착을 깨는 단계다. 조직 구성원들은 변화를 받아들이기 위해 심리

적·조직적 준비를 해야 하며, 이 단계에서 리더는 구성원들이 변화에 동참할 수 있는 동기를 제공해야 한다.

- **이동**Change: 실질적인 변화가 일어나는 단계다. 이 단계에서는 조직 내 구조와 작업 방식이 변화하며, 새로운 가치와 방식을 채택하여 조직이 변화의 길을 걷게 된다.
- **재동결**Refreezing: 변화가 조직 내에 안정적으로 정착되는 단계다. 이를 위해 새로운 문화와 규범이 조직 내에 자리 잡을 수 있도록 지속적인 지원이 필요하다.

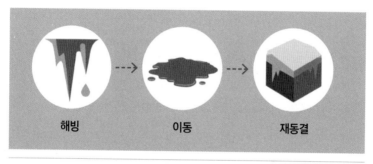

해빙   이동   재동결

변화 과정에 대한 3단계 모델(쿠르트 레빈)

이러한 레빈의 3단계 변화 이론은 조직의 변화를 계획하고 실행하는 데 중요한 가이드 역할을 하며, 리피트Lippit(1958), 코터Kotter(1996) 등의 학자들에 의해 더욱 구체화되었다. 코터는 조직 개발 과정에서 변화를 지속적으로 추진하기 위해 8단계 모델을 제안했다. 이는 리더가 구성원들에게 위기감을 조성해 변화를 주도하고, 비전을 명확히 제시한 후, 작은 성공을 통해 구성원들이 변화를 체감할 수 있도록 한다.

또한 액션 리서치Action Research 모델은 조직 개발 이론에서 중요한 위치를 차지한다. 이 모델은 행동과학적 접근을 통해 조직의 문제를 진단하고 해결하는 과정이다. 이 모델은 문제를 정의하고, 데이터를 수집 및 분석하며, 분석된 결과를 바탕으로 구체적인 실행 계획을 수립한다. 액션 리서치 모델의 핵심은 순환적 과정으로, 지속적으로 조직 내 문제를 파악하고 개선해 나가는 것이다. 조직 개발 컨설턴트와 조직 구성원 간의 협력이 매우 중요하며, 구성원들이 변화에 주체적으로 참여하도록 유도한다는 특징이 있다.

마지막으로 커밍스·월리Cummings & Worley(2016)는 조직 개발을 네 가지 단계로 구체화하였다.

1. **진입 및 계약**Entry and Contracting: 조직이 직면한 문제를 분석하고, 조직 개발 컨설턴트와 계약을 통해 조직 개발의 목적과 방법을 설정한다.
2. **진단**Diagnosis: 조직의 문제를 진단하고 분석하며, 구성원들과의 인터뷰, 설문, 관찰 등을 통해 조직의 문제를 파악한다.
3. **변화 계획 및 실행**Planning and Implementation: 분석 결과를 바탕으로 변

화 계획을 수립하고, 개입 전략을 실행하여 변화를 유도한다.

4. **평가 및 제도화**Evaluation and Institutionalization: 변화가 성공적으로 이루어졌는지 평가하고, 조직 내에 제도화하여 지속적인 변화를 정착시킨다.

조직 개발의 접근 방식은 단순한 프로젝트 관리와는 달리, 조직 전체를 장기적인 관점에서 변화시키는 과정에 중점을 둔다. 조직 개발의 목표는 단기적인 성과 개선을 넘어, 조직이 지속적으로 성장하고 변화할 수 있도록 조직 내에 변화를 정착시키는 것이다. 변화 추진은 조직 구성원들이 변화를 체감하고, 자발적으로 변화에 참여하도록 유도하는 과정으로, 조직의 전반적인 효율성을 극대화하고 성과를 창출하는 데 기여한다.

조직의 성공을 예측하는 미래선행 지표

조직의 성공을 미리 예측할 수 있다고?

역사상 가장 위대한 발명물은 '조직'이라고 말한다. 조직을 구성하는 요건은 3가지이다. 첫째, 2명 이상의 구성원이 필요하다. 그는 '1인 기업'이라는 용어는 존재하지만 '1인 조직'이라는 용어는 존재할 수 없는 이유와 같다. 둘째는 계획된 조정 체계Planned coordination system로 조직 구조이다. 조직 안에서 생기는 분업 및 권한 체계 등 시스템과 제도로 움직이는 조직의 뼈대를 의미한다. 셋째는 공통의 목표Common Goal이다. 모든 조직은 목표, 즉 성과를 추구한다. 기업

뿐 아니라 NGO, 학교나 심지어는 동아리까지 공통의 목표를 가지고 모인다.

그렇다면 공통의 목표인 성과란 무엇일까? 이에 대해 경영학의 대가 피터 드러커Peter Drucker는 성과를 '측정 가능한 결과'로 정의했으며, 이는 조직과 개인이 설정한 목표를 달성한 것을 의미한다고 했다. 드러커는 성과를 '구체적인 지표로 측정할 수 있어야 한다'는 점을 강조했으며, 이를 통해 성과가 명확하게 평가될 수 있다고 강조한다.

한편, 로버트 캐플란Robert Kaplan은 성과에 대해 조금 더 포괄적인 관점을 제시했다. 그는 성과를 '재무적 결과Lagging Indicator'에 국한하지 않고, '선행 미래 지표Leading Indicator'를 통해 조직의 전략적 목표 달성 수준을 측정하는 것으로 설명했다. 이 정의가 중요한 이유는 성과를 매출과 영업 이익과 같은 단순한 매출 지표로 정의하지 않았다는 점이다. 오히려 재무적 성과는 뒤따라 오는 결과 지표Legging Indicator일 뿐 오히려 성과를 미리 보여주는 선행 미래 지표Leading Indicator를 통해 성과를 예측할 수 있고, 미리 선행 지표에 집중하여 성과를 주도적으로 창출해야 함을 강조한다. 선행 미래 지표는 고객과의 관계, 내부 프로세스, 학습 및 성장, 혁신성 등과 같이 재무적인 성과 이전에 나타나는 지표들이다. 이 지표들은 조직이 미래에 성과를 낼 수 있을지에 대한 신호를 제공한다는 점에서 매우 중요하다.

좀 더 이해를 돕기 위해 IT 서비스업종인 L사의 사례를 통해 조직의 성공을 미리 예측해 볼 수 있는 선행 미래 지표가 무엇일지 분석해 보고자 한다.

L사의 특징은 다음과 같다.

1. 기업 소개
- 인원: 6,300명(2024년 기준)
- 업종: IT 서비스, 시스템 통합[SI], IT 아웃소싱

2. 사업 영역
① AI 및 빅데이터: 인공지능 및 데이터 기반 기술

② 클라우드 서비스: 디지털 전환을 위한 클라우드 솔루션

③ 스마트 팩토리: 제조업의 디지털 전환 지원

④ 기타: 스마트 시티, 블록 체인, 보안 등

3. IT 서비스 업종 주요 이슈
① 빠르게 변화하는 산업 특성: 빠른 기술 발전 속에 신기술 습득 및 기술 역량이 중요한 산업

② 인적 자원의 중요성: 높은 역량의 인력이 핵심 자원이며 경쟁의 원동력

③ 개발자 이탈 문제: 높은 개발자 수요로 인해 인재 유출이 심각

L사의 결과(재무) 지표와 미래 선행 지표는 무엇일까?

- **결과 지표**: 매출, 영업 이익, 프로젝트 완료율, IT 고객 서비스 만족도 등

조직이 성공적으로 성장하고, 성과를 내고 있을 때 나타나는 결과로는 매출과 영업 이익뿐 아니라 IT업의 특성이 반영된 지표들도 포함될 수 있겠다. 예를 들면 프로젝트가 성공적으로 완료되어 끝났음을 나타내는 프로젝트 완료율, 그리고 프로젝트가 잘 완수되었다는 증거인 IT 고객 서비스 만족도 등이 있을 수 있다.

- **미래 선행 지표**

① 신기술 우수 인력 유지: AI/빅데이터 관련 우수 인력(박사급, 해외 대학)의 확보와 리텐션 비율

② DX 전환 프로젝트 수: 미래 성장을 위한 DX 신기술(AI/빅데이터/클라우드) 적용 프로젝트 수

③ 전략 솔루션 매출: 사업 구조 개편을 위한 IT 신기술 솔루션 판매 매출(플랫폼 기반 구독 솔루션)

④ 측정된 기술 역량 지표: 객관적 기준의 기술 역량 평가 시스템 및 기술 수준 향상

Leading Indicatior

신기술 우수 인력 유지	전략 솔루션 매출
AI/빅데이터 관련 우수 인력(박사급, 해외 대학)의 확보와 리텐션 비율	사업 구조 개편을 위한 IT 신기술 솔루션 판매 매출(플랫폼 기반 구독 솔루션)
DX 전환 프로젝트 수	전략 솔루션 매출
AI/빅데이터/클라우드 DX 신기술 적용 프로젝트 수	객관적 기준의 기술 역량 평가 시스템 및 기술 수준 향상

미래 성장을 위한 핵심 지표는?

등이 되겠다.

IT 서비스 조직이 미래에 성장 및 발전하고, 새로운 성장 모멘텀을 가질 수 있을지를 판단할 수 있는 근거는 결과 지표와는 다른 관점을 보아야 한다. 지금 당장의 매출도 중요하지만, 조직의 사활을 건 AI/빅데이터 기반의 신기술 기반 비즈니스 모델 전환을 준비하기 위해 신기술 기술 인력을 확보 및 유지가 잘 되고 있는지를 확인해야 한다. 또한 그와 관련된 프로젝트의 비중을 높이고, 성공, 실패 사례를 만들어 조직 역량을 강화하기 위해 DX를 적용한 프로젝트의 수를 늘려야 하며, 고정 매출 및 인당 생산성을 높이기 위한 플랫폼 기반의 구독 솔루션 매출을 최대한 확보하는 것이 유리하다. 뿐만 아니라 조직 경쟁력의 원천인 기술 인력의 수준을 객관적으로 평가하고 개발하기 위해 기술 역량의 성과 평가 지표를 고도화하고, 스킬 중심의 역량 향상 체계가 만들어져야 한다. 따라서 미래의 성공을 위한 핵심지표를 선정하고 이를 강화하기 위해 노력한다면 결과 지표인 매출과 영업 이익은 자연스럽게 따라온다는 의미다. 따라서 조직에서 집중할 것은 표면적으로 드러나는 실적이 아니라, 미래 준비를 위한 핵심 요인을 발굴하고 발전시킬 방안을 찾는 것이 중요하다.

그렇다면 조직 미래의 성공을 위해 성과를 관리한다^{Performance} ^{Management}는 의미는 무엇일까? 성과 관리란 조직의 구성원들이 본인의 성과 목표 달성을 통해 조직의 성과 목표를 달성하도록 운용 가능한 자원들을 효과적이고 체계적으로 관리하는 과정이다. 이와 같은 성과를 체계적으로 관리하기 위해 다양한 성과 관리 이론들이 발전해왔다. 그중에서도 대표적인 성과 관리 이론이 바로 피터 드러커의 MBO^{Management by Objectives}(목표에 의한 관리)이다. MBO는 측정 가능한 목표(SMART 목표)를 설정하고, 그 목표 달성 여부를 평가한 후 피드백을 통해 지속적인 성과 향상을 꾀하는 구조이다. 이 이론의 핵심은 목표 설정과 평가 과정을 통해 조직과 개인이 끊임없이 발전할 수 있도록 지원하는 데 있다.

또한 앞에서 언급한 로버트 캐플란과 데이비드 노튼David Norton이 공동 개발한 BSCBalanced Scorecard(균형성과표)는 성과를 네 가지 관점, 즉 재무, 고객, 내부 프로세스, 학습 및 성장 측면에서 평가하는 성과 관리 도구이다. 특히 BSC는 선행 지표Leading Indicator를 강조하며, 이를 통해 미래 성과를 예측하고 조정할 수 있는 체계를 제공한다. 예를 들어, 고객 만족도나 내부 프로세스 개선은 재무적 성과가 나타나기 전에 미리 예측할 수 있는 중요한 지표로 간주된다.

구글은 OKRObjectives and Key Results(목표 · 핵심 결과 지표)이라는 성과 관리 방식을 활용한다. OKR은 목표Objectives와 그 목표를 달성하기 위한 구체적 결과Key Results를 설정하고 이를 투명하게 공유하여 조직 구성원들이 상시적으로 목표를 조정할 수 있게 한다. OKR의 핵심은 지속적인 피드백과 성과 검토Conversations, Feedback, Recognition, CFR이다. 이를 통해 구글은 큰 목표를 현실로 구체화하고, 팀 내 협력과 혁신을 촉진한다.

마지막으로, 서울대 조태준 교수가 개발 중인 VIP 성과 모델은 가치Value, 혁신Innovation, 사람People을 기반으로 성과를 해석하는 독

방법론	정의	주요 내용	특징
MBO 1954, Peter Drucker	목표에 의한 관리 (Management By Objectives)	• 측정 가능한 목표설정(SMART) • 목표 설정 후 성과평가 • 피드백을 통한 지속적 개선	• 목표와 결과의 명확한 연계 • 객관적 평가 기준 제시 • 성과 중심의 관리 체계
BSC 1992, Kaplan & Norton	균형성과표 (Balanced Score Card)	• 재무/비재무적 성과의 균형적 측정 • Leading Indicator 중심 관리 • 4가지 관점별 KPI 수립	• 미래 성과 예측 가능 • 전략적 성과관리 도구 • 다차원적 성과 평가
OKR 1970, Andy Grove	목표와 주요결과 (Objectives & Key Results)	• 도전적이고 명확한 목표 설정 • 측정 가능한 핵심 결과 지표 • CFR(대화, 피드백, 인정) 활용	• 높은 목표 설정 권장 • 투명한 목표 공유 • 빠른 피드백 순환
VIP 2024, 조태준	가치-혁신-인재 중심성과관리	• Value: 조직가치와 개인가치 정렬 • Innovation: 혁신을 통한 변화동력 • People: 인재 중심 운영	• 세 요소의 유기적 연계 • 동태적 성과 관리 • 통합적 접근 방식

성과 관리 이론들의 내용과 특징

특한 관점을 제공한다. 이 모델은 성과를 조직의 가치와 혁신, 그리고 인재 간의 상호 작용 결과로 정의한다. 조직 내 가치는 구성원들에게 전달되어 조직 전체의 목표와 일치하도록 하는 것을 의미하고, 혁신은 변화와 기술을 통한 조직의 성장과 발전을 도모하는 요소로 설명된다. 사람은 조직의 핵심 자산인 인재를 말하며, 이들이 조직의 성과 창출 과정에서 중요한 역할을 한다. 본 이론의 특이점은 성과를 이 세 가지 요소의 상호 작용으로 본다는 점이다. 예를 들어 가치와 사람은 유기적으로 연결되어 구성원까지 전달되어야 하고, 가치와 혁신은 소통을 통해 조직 구성원에게 전파되었을 때만

유의하며, 혁신과 혁신의 주체인 사람은 통합되어 함께 진행될 때 성과가 창출된다는 의미다. 이 세 가지 요인이 복합적이고 유기적으로 연결되어 상호 작용할 때 성과는 극대화된다.

시스템이 행동을 지배한다고?

냉장고 안에서는 어떤 흥미로운 사건도 생기지 않는다. 온도를 높여라.

-토마스 월라이트

시스템이 행동을 지배한다: L사 기술 역량 평가 제도 사례

조직의 경쟁력을 유지하고 발전시키기 위해서는 단순히 구성원의 개인적 역량 향상만으로는 충분하지 않다. 조직의 체질을 바꾸고, 이를 통해 구성원들의 행동을 바꾸려면 시스템적인 접근이 필

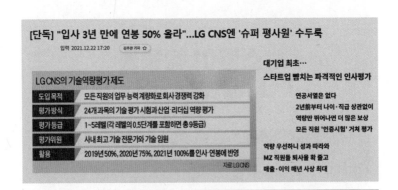

기술 역량 평가 제도 사례 기사　　　출처: 〈한국경제〉, 2021.12.22

요하다. 이는 시스템이 구성원들의 행동을 유도하고 변화시키는 강력한 역할을 하기 때문이다. 토마스 윌라이트가 언급했듯, "온도를 높이는 시스템적 변화를 통해 개인의 행동을 바꾸는 것이 중요하다". 조직 전체의 구조와 시스템이 변화해야 구성원들도 변화를 받아들이고 그에 맞게 행동을 바꾼다.

　L사의 기술 역량 평가 제도는 그 대표적인 사례다. IT 개발자 중심의 L사는 구성원의 기술적 역량이 곧 회사의 경쟁력이다. 이를 향상시키기 위해 조직은 기술 역량 평가 제도를 도입했다. 이 평가는 직무마다 핵심 기술^{Skill}을 기준으로 역량을 평가하며, 개개인의 직무 수행 능력을 객관적으로 측정하는 체계를 갖추었다. 기술 역량 평가 시스템은 본인의 직무에 따라 주기술, 부기술, 공통 기술 등을 평가하며, 모든 직원이 평가 대상이다. 이 평가 결과는 단순한 기술

진단을 넘어 인사 제도와 긴밀하게 연계된다.

인증 시험을 통해 평가된 기술 역량은 승진, 기본급 인상, 핵심 인재 발탁과 같은 중요한 인사 결정에 직접적으로 반영된다. 이 시스템이 도입될 당시 직원들 사이에서는 '학교도 아니고 시험을 보냐', '그럼 업무는 안 하고 시험 공부만 잘하면 되는 거냐'는 등 부정적인 반응이 많았다. 하지만 제도가 점차 정착되면서 구성원들은 동참하거나 떠날 수밖에 없는 상황이 되었다. 결국 구성원들은 자신의 스킬과 역량을 향상하기 위해 학습에 몰두하게 되었고, 이러한 변화는 조직 전반의 체질을 바꾸는 계기가 되었다. 학습이 조직의 문화로 자리 잡으며 구성원들 간의 경쟁과 협업이 자연스럽게 촉진되었다.

이처럼 L사의 기술 역량 평가 제도는 조직 내에서 시스템적 변화가 구성원들의 행동을 어떻게 변화시키고, 궁극적으로 조직의 성과와 경쟁력을 향상시키는지를 보여준다. 이 제도는 단순한 평가와 보상 체계를 넘어서, 구성원들이 자신의 역량을 지속적으로 향상시키도록 유도하는 시스템으로 작동했다. 시스템이 행동을 지배한다는 것은, 이러한 구조적 변화가 개인의 행동뿐만 아니라 조직 전체의 체질을 바꾸고 성과를 증대시키는 데 중요한 역할을 한다는 의미이다.

조직과 개인 행동과의 연관성

조직과 개인의 행동은 서로 깊이 연관되어 있으며, 시스템적 접근을 통해 그 상호 작용을 이해할 수 있다. 콜먼Coleman 교수가 제시한 욕조 이론Bathtub Model은 이러한 조직과 개인 간의 관계를 설명하는 대표적인 이론이다. 이 이론은 조직의 거시적인 환경적 요인이 개인의 특성이나 행동에 어떻게 영향을 미치며, 그 개인의 행동이 다시 조직의 성과에 어떻게 영향을 주는지를 모형화한 것이다. 이는 조직과 개인이 서로의 발전과 쇠퇴를 함께할 수밖에 없는 상호 작용적 관계임을 강조한다.

욕조 이론은 조직이 개인에게 미치는 영향과 그로 인해 개인이 변화하는 과정을 시스템적인 관점에서 이해하게 돕는다. 예를 들어, 프로테스탄트 교리(조직 차원)가 개개인의 직업에 대한 소명 의식을 강화(개인 차원)시키고, 그로 인해 자본주의 정신이 형성(조직 차원)되었다는 것이 대표적인 설명이다. 이러한 방식으로 개인은 조직의 구조적·환경적 영향 속에서 특정한 행동과 태도를 취하게 되며, 이러한 누적된 행동들이 다시 조직의 성과나 변화로 이어진다.

던롭Dunlop 외(2017) 연구자들 또한 이와 비슷한 맥락에서 개인의 학습 행동이 조직 내 사회적 변화와 어떻게 연결되는지를 설명한다. 그들은 개인의 학습 환경이 단순히 지식과 정보를 제공하는 것을 넘어 개인이 학습하는 과정을 조직의 전체적인 변화 메커니즘으로 이해해야 한다고 주장한다. 즉, 개개인의 학습 행동이 조직의 변화를 촉진하며, 누적된 학습 행동이 새로운 시스템적 변화를 만들어낸다.

콜먼의 욕조 이론은 이러한 메커니즘을 설명하는 데 매우 적합하다. 예를 들어, 조직에서 제공하는 환경적 요인들이 개인의 심리적 특성과 행동적 특성에 영향을 미치고, 이는 다시 혁신적인 행동으로 이어진다. 이러한 혁신 행동이 누적되면서 조직 전체의 성과가 극대화되고, 조직 몰입으로 이어질 수 있다. 이를 통해 우리는 조직과 개인이 서로 상호 작용하며, 시스템적인 관점에서 조직의 성과를 만들어 가는 과정을 더 깊이 이해할 수 있다.

따라서 시스템이 개인의 행동을 지배하는 방식과 그 결과가 어떻게 조직 전체의 성과로 이어지는지를 이해하는 것은 조직 개발의 중요한 부분이다. 이는 단순한 변화 추진을 넘어서 조직과 개인이 함께 성장할 수 있는 길을 모색하는 데 중요한 통찰을 제공한다.

조직 개발의
매직워드

조직 효과성
(직무 몰입, 조직 몰입, 이직 의도, 혁신 행동)

조직 효과성: 조직 개발의 처음과 끝

조직 효과성은 조직 개발의 처음과 끝이라고도 말할 수 있다. 이는 조직이 주어진 목표를 효율적이고 효과적으로 달성하여 성과를 창출하는 능력을 의미한다. 쉽게 말해 조직 내 활동과 자원이 목표 성과를 위해 얼마나 잘 정렬되어 있는지를 나타낸다. 예를 들어 구성원의 조직 몰입이나 혁신 행동을 통해 조직의 문제 해결력과 변화 대응력을 강화하는 것이다. 이러한 조직 효과성은 구성원들의 몰입과 성과를 향상시키는 데 직접적인 영향을 미치며, 궁극적으로 조직 전체의 성과를 높이는 핵심 요소로 작용한다. 이처럼 조직 개발의 목적이자 과정 자체가 조직 효과성의 증진에 맞춰져 있다.

조직 효과성은 미래 성과를 예측하는 선행 지표Leading Indicator로서도 중요한 역할을 한다. 이 지표는 조직이 앞으로 성과를 극대화하기 위해 개선해야 할 핵심 영역을 파악하는 데 필수적이다. 조직이 효과적으로 운영되고 있는지 판단하는 척도로서 조직 효과성은 매우 중요하며, 이를 통해 조직의 리스크를 줄이고 성과를 높이기 위한 전략적 방향을 설정할 수 있다.

조직 개발은 리더십 개선, 조직 구조 조정, 구성원의 자율성과 권한 부여 등을 통해 조직 효과성을 증진시킨다. 예를 들어 직무 몰입을 높이기 위한 조직 개발 활동은 구성원들이 자신의 역할에 더 큰 의미를 느끼고, 업무에 몰입하도록 돕는 것을 목표로 한다. 이러한 과정이 조직의 성과로 연결되며, 구성원 개개인의 몰입도가 높아질수록 조직의 성과 역시 지속적으로 개선된다.

특히 저자가 연구했던 ICT 기업 대상 연구는 조직 효과성의 변화를 명확히 보여주는 사례로 볼 수 있다. 이 연구는 리더-구성원 간의 신뢰 교환 관계LMX가 권한 부여를 통해 구성원의 혁신 행동을 촉발시키는 과정을 중점적으로 다루었다. 연구 결과 리더와 구성원의 신뢰 관계만으로는 혁신 행동을 유의미하게 강화시키지 못했으나, 리더가 자율권과 권한을 부여했을 때 이를 매개로 구성원들의 혁신 행동이 강화되었다. 이와 같은 권한 부여는 구성원들에게 자율성과 책임감을 부여하며, 그들은 새로운 시도와 도전에서 자신의 유능감을 인식하게 된다. 이는 궁극적으로 구성원의 조직 몰입을 촉진하며, 조직 내 혁신 성과로 이어진다. 이 연구에서 리더가 구성원에게 권한을 부여하는 것이 혁신 행동을 매개하는 핵심적인 요소로 작용했음을 확인할 수 있었다. 특히 ICT 산업 내에서 혁신 행동이 중요한 이유는 급변하는 기술 환경에서 구성원들이 적극적으로 새로운 아이디어를 제시하고 이를 실행할 수 있도록 하는 것이 조직의 성과와 직결되기 때문이다.

주요 효과성 변인과 그 특성에 대해 살펴보면 다음과 같다

직무 몰입

직무 몰입은 구성원이 자신의 직무에 얼마나 몰입하고 헌신하는지를 나타내며, 이는 조직의 성과에 직결된다. 직무에 몰입한 구성원은 높은 성과를 내고, 자발적으로 문제를 해결하며, 장기적으로 조직에 기여한다. 이러한 몰입은 구성원의 생산성을 높이고, 창

의적 문제 해결 능력을 증대시키며, 이직 의도를 감소시키는 효과가 있다.

조직 몰입

조직 몰입은 구성원이 조직에 대한 애착과 소속감을 느끼는 정도를 의미한다. 조직 몰입이 높을수록 구성원은 조직의 목표에 적극적으로 기여하며, 이는 장기적으로 조직의 지속 가능성과 경쟁력을 높이는 데 기여한다. 조직 몰입이 높은 구성원들은 조직의 성공에 대한 책임감을 느끼며, 직무 만족과 조직 내 긍정적인 문화 형성에도 기여한다.

이직 의도

이직 의도는 구성원이 조직을 떠나려는 의향을 의미하며, 조직 효과성에 부정적인 영향을 미친다. 이직 의도가 높은 조직은 구성원들이 조직에 대한 신뢰를 잃고, 이는 다른 구성원들에게도 부정적인 영향을 미칠 수 있다. 반면, 이직 의도가 낮을수록 조직은 구성원의 안정성을 확보하고, 이는 조직의 성과와 직접적으로 연결된다.

혁신 행동

혁신 행동은 구성원이 자발적으로 새로운 아이디어를 제시하고 실행하는 것을 의미한다. 특히 ICT 산업처럼 빠르게 변화하는 환경에서는 혁신 행동이 조직의 생존과 경쟁력에 중요한 요소로 작용한다. 혁신 행동을 촉진하기 위해서는 권한 부여와 자율성이 필수적이며, 이를 통해 구성원들은 자신의 역량을 발휘하고, 더 나아가 조직의 성과에 기여하게 된다.

변화와 반작용

조직의 변화 저항을 극복하려면?

"새로운 질서를 만드는 것만큼 어렵고 힘든 일은 없다. 왜냐하면 현재의 제도와 시스템으로 혜택을 보고 있는 모든 사람들로부터 엄청난 저항을 받을 수밖에 없기 때문이다."

-마키아벨리

매일 아침 출근길, 지하철 환승 통로는 사람들로 가득 차 있다. 사람들이 서로 다른 방향으로 나아가며, 중앙선을 그어놓지 않았음에도 한쪽은 가는 사람들로, 반대쪽은 오는 사람들로 나뉜다.

급한 마음에 반대편으로 가려다가 밀려오는 사람들과 부딪히며 오히려 더 늦어진 경험이 한 번쯤은 있을 것이다. 같은 방향으로 가는 사람들 속에 있으면 아무 문제 없이 자연스럽게 앞으로 나아가지만, 반대 방향에서 오는 힘과 부딪히면 속도가 줄어들고 앞으로 나아가기가 어려워진다.

이 경험은 조직 내에서 변화를 추진할 때 저항에 부딪히는 것과 유사하다. 모두가 같은 방향으로 나아가면 변화는 순조롭게 이루어지지만, 반대쪽에서 저항이 밀려올 때는 변화가 더디고 어려움도 커진다. 결국 변화의 성공 여부는 저항을 얼마나 효과적으로 관리하느냐에 달려 있다.

그렇다면 조직의 변화 저항이 생기는 이유는 무엇일까?

개인 차원에서의 저항

사람은 본질적으로 안정을 추구하는 존재다. 변화가 다가오면, 불확실성에 대한 두려움이 자연스럽게 따라오고, 이는 변화에 대한 저항으로 이어진다. 변화가 성공할지 확신할 수 없고, 성공한다 해도 그 변화가 개인에게 어떤 실질적인 이익을 가져올지 불투명할 때, 사람들은 변화에 쉽게 동참하지 않는다. 많은 이들이 변화를 필요하다고 생각하고 좋은 기회로 인식하지만, 그 변화를 실제로 추진하는 사람은 드물다. 이는 불확실한 미래보다 안정적인 현재를 유지하려는 경향 때문이다. 불확실성 회피라는 본능은 사람들로 하여금 변화에 저항하게 만드는 주요 요인이다.

조직 차원에서의 저항

조직 차원에서 저항이 발생하는 주된 이유는 리더가 변화의 필요성을 설득력 있게 전달하지 못할 때다. 리더가 변화의 방향을 명확히 제시하지 않거나, 변화가 조직에 어떤 긍정적인 영향을 미칠지 충분히 설명하지 못하면 구성원들은 변화에 대해 의구심을 품는다. 변화에 대한 구체적인 이미지가 제공되지 않으면, 구성원들은 변화를 단순히 모호한 시도로 받아들이고 저항하게 된다.

또한 정보 부족도 중요한 저항 요인이다. 변화가 무엇을 목표로 하는지, 그 변화가 조직과 구성원에게 어떤 영향을 미칠지 명확히 설명되지 않으면, 불안감이 커지고 저항이 늘어난다.

시스템 차원에서의 저항

시스템 차원에서 저항이 발생하는 가장 큰 이유는 변화가 기존의 시스템과 절차를 무너뜨리고 새로운 방식을 도입하는 것이기 때문이다. 특히 오랜 시간 사용해 온 시스템이 잘 작동하고 있을 때, 이를 바꾸려는 시도는 불필요한 혼란으로 인식된다. 구성원들은 새로운 시스템에 적응해야 한다는 부담을 느끼며, 변화가 일상적인 작업 흐름에 혼란을 초래할 가능성이 있다면 저항은 더 커진다. 기존 절차와 기술에 대한 익숙함이 변화에 대한 저항으로 이어지며, 새로운 시스템 도입이 어렵게 느껴진다.

조직 변화 준비도 확인

조직 변화 저항을 관리하기 위해 조직의 변화 준비 상태^{Readiness}를 확인하는 것도 중요하다. 변화 준비도는 조직이 변화에 얼마나 잘 대비되어 있는지를 나타내며, 조직 내 다양한 계층에서 이 준비도를 평가해야 한다. 경영진, 리더, 그리고 구성원들이 변화의 필요성을 인식하고 준비가 되어 있는지를 확인하는 과정이 필수적이다. 경영진이 변화의 방향을 명확히 설정하고 리더들이 변화를 추진할 동기와 지원을 제공하며, 구성원들이 이 변화를 수용할 준비가 되어 있는지 여부가 변화 준비도를 결정한다.

변화 준비도는 단순히 조직 차원의 준비 상태를 의미하는 것이 아니다. 조직의 모든 구성원이 변화의 필요성에 대해 공감하고, 변화를 실질적으로 수용할 수 있는 능력과 자원이 있는지를 평가해야 한다. 변화 준비도가 충분하지 않으면, 변화를 시도하더라도 강한 저항에 직면할 가능성이 높아지며, 결국 실패할 확률이 커진다. 성공적인 변화를 위해서는 변화 준비도를 미리 파악하고, 조직 전체가 변화를 위한 준비를 철저히 갖추는 것이 무엇보다 중요하다.

조직 변화 저항을 극복하려면?

변화 저항을 극복하기 위해서는 명확한 전략과 구체적인 실행 계획이 필요하다. 맥킨지는 변화를 성공적으로 추진하는 데 도움이 되는 세 가지 핵심 요소를 제시했다.

역할 모델 Role Modeling

리더는 조직 내에서 변화를 이끄는 역할 모델이 되어야 한다. 리더가 먼저 변화의 필요성을 충분히 이해하고 실천하는 모습을 보여줄 때, 구성원들은 변화를 신뢰하고 자연스럽게 따라오게 된다. 리더가 변화를 몸소 실천하지 않으면, 구성원들의 신뢰를 얻기 어려우며 변화는 실패할 가능성이 크다.

메커니즘 마련 Reinforcing Mechanisms

변화를 지탱할 수 있는 구체적인 시스템과 절차를 마련하는 것이 필수적이다. 단순히 변화의 필요성을 강조하는 것만으로는 충분하지 않으며, 변화를 지속적으로 지원할 수 있는 구조적 지원이 필요하다. 예를 들어, 조직 내에서 새로운 학습 문화를 도입하려면 지식 관리 시스템을 구축하고 키맨을 중심으로 정기적 학습의 장을 설정하는 등의 메커니즘을 마련해야 한다. 이러한 시스템적 지원이 뒷받침되지 않으면 변화가 지속될 수 없고, 장기적·구체적인 변화를 끌어갈 동력을 찾기 어렵다.

스토리텔링 Storytelling

변화를 성공적으로 이끌기 위해서는 공감과 이해를 끌어낼 수 있는 스토리텔링이 필요하다. 변화의 이유와 목표를 명확히 설명하는 서사를 통해 구성원들이 그 변화를 직관적으로 이해하고 수용할 수 있게 만들어야 한다. 변화가 조직과 개인에게 가져다줄 혜택을 명확히 설명하고, 변화가 왜 필수적인지에 대한 설득력 있는 이야기가 변화를 추진하는 중요한 역할을 한다.

변화의 대부분은 실패한다: 30% 법칙

조직에서 변화를 시도할 때 대부분의 경우 저항에 부딪히며, 성공적인 변화는 매우 어렵다.

하버드 경영대학원의 존 코터John P. Kotter 교수는 그의 저서 〈기업이 원하는 변화는 변화와 리더Leading Change〉에서 조직이 시도하는 변화의 성공률이 고작 30%에 불과하다고 강조한다.

이는 변화를 시도한 10개의 조직 중 7개가 실패한다는 뜻이며, 이 숫자는 실제로 많은 조직들이 변화 과정에서 직면하는 어려움을 명확하게 보여준다. 이를 쉽게 이해하기 위해 비유를 들어보자면, 수술을 앞둔 환자에게 "수술 성공률이 30%입니다"라는 말을 들을 때 느끼는 불안감과 같다. 성공할 확률보다 실패할 확률이 두 배 이상이라는 것은, 조직의 변화 또한 그렇게 극복하기 힘든 도전이라는 점을 시사한다.

결국, 변화 저항을 극복하고 성공적인 변화를 이루기 위해서는 변화 준비도를 점검하고, 저항을 최소화하기 위한 전략을 마련해야 한다.

조직 변화의
3가지 조건

"변화를 거부하는 사람은 이미 죽은 사람이다. 장례를 치뤘느냐는
중요하지 않다. 안정성은 시냇가에 떠내려가는 죽은 물고기와 같을 뿐
이다. 우리가 아는 유일한 안정성은 변화뿐이다."

-헨리포드

변화를 위한 열정에 가득한 당신. 하지만…

신임 팀장으로 보임한 당신은 새로운 열정으로 가득 차 있다. 우
리 팀을 구성원이 마음껏 성과를 내고 성장할 수 있는 최고의 팀으

로 만들겠다는 다짐과 함께 보임 후 1주일 만에 모든 팀원의 면담을 마쳤다. 팀원들이 기대하는 팀에 대한 의견을 청취했고, 그를 위해 무엇이든 감당할 준비가 되어 있다. 때마침 전사 인재 개발팀에서 '팀 건강도 진단을 기반으로 한 팀 성장 지원 워크숍' 신청에 대한 안내가 왔다. 안내 메일을 읽자마자 가장 먼저 신청서를 작성했다. 3주간의 팀 진단과 팀장, 팀원 인터뷰를 통해 우리 조직에 맞는 워크숍 프로그램이 준비됐고, 육아 휴직 중인 여직원 한 명을 제외하고 전원이 워크숍에 참석했다. 참석한 구성원들은 기다렸다는 듯이 팀에 대한 다양한 고민과 아이디어를 쏟아냈고, 우리 모두는 변화에 대한 기대로 가득 찼다. '오늘이야말로 새롭게 원팀One-team으로 탄생한 첫날'같다는 생각을 하며 우리 팀의 밝은 미래를 그려본다.

하지만 그로부터 한 달 후, 놀라울 정도로 아무 일도 일어나지 않았다. 팀의 새로운 변화와 기대감을 쏟아내던 팀원들은 함께 나눈 고민과 변화를 위한 실행 계획에 대해 기억하지 못했다. 단지 멋진 대관 강의장의 풍경과 훌륭한 간식, 워크숍의 좋았던 분위기와 기억만을 간직하는 팀원이 대다수였다. 팀원 대부분 워크숍 이후 다시 본인의 업무에 몰두하여 정신없이 바쁜 시간을 보내고 있었고, '좋았던 기억'에 대한 이미지와 잘 준비해 준 인재 개발팀에 대한 고마움만 간직한 상태임을 확인하고는 허탈한 마음이 들었다. 잘 준비된 프로그램과 구성원들 간의 열린 소통, 변화에 대한 기대가 있었기에 이후 자체적인 변화 원동력이 만들어질 것으로 기대했었다. 하지만 과한 기대였음을 발견하는 데는 긴 시간이 걸리지 않았다. 그렇게도 많은 노력과 에너지를 쏟은 조직 변화 활동이 지속성을 가지고 실질적 변화를 만들기 위해 필요한 것은 무엇일까?

이제 PART 1을 마무리하며, 조직 변화가 성공하기 위해 무엇이 필요한지 명확히 해야 한다. 변화가 성공하려면 단순한 의지나 일회성 프로그램으로는 부족하다. 조직 변화의 성공을 결정짓는 세 가지 핵심 조건은 변화를 이끄는 리더의 영향력 발휘(개인 차원의 역동), 구성원 중심의 자발적이고 주도적인 변화(조직 역동), 변화를 지속하고 선순환하도록 돕는 제도적 연계(시스템 및 문화)이다. 세 가지가 유기적으로 연결되고 상호 작용할 때, 비로소 조직의 지속적인 변화와 성장의 동력을 얻는다. 각 영역에 대해 예를 들어보자.

개인 차원의 역동: 리더는 어떠한 리더십을 발휘해야 하는가?

조직 변화의 출발점은 리더로부터 시작된다. 즉, 리더가 얼마나 변화에 대한 의지를 가지고 있는지, 변화를 위한 화두를 던지고 필요성을 제시하느냐에 따라 변화가 시작될 수 있다. 먼저 리더는 우리 조직이 어디로 가야 하고 왜 가야 하는지에 대한 구체적인 이미지Visioning를 제시해야 한다. 즉, '우리는 무엇을 위해 싸우고 있는가'에 대한 공감대와 목적 의식을 형성해야 한다.

또한, 리더는 구성원들이 자신의 역할을 주도적으로 수행할 수 있도록 임파워먼트를 제공하고, 피드백을 통해 그들의 성장을 지원해야 한다. 때로는 앞에서 변화를 이끌고, 때로는 뒤에서 지지하는 역할을 수행함으로써, 구성원들이 변화의 필요성을 인식하고 자발적으로 동참할 수 있도록 돕는다.

결국, 리더는 변화의 핵심적인 원동력이다. 리더의 영향력과 지도력이 제대로 발휘될 때, 조직은 변화의 방향을 설정하고 그 길을 지속적으로 걸어갈 수 있는 동력을 얻을 수 있다.

조직 역동: 어떻게 해야 구성원 주도의 변화 실행이 가능할까?

변화의 또 다른 축은 구성원 중심의 변화이다. 리더만의 노력으로 조직이 변할 수는 없다. 구성원들이 스스로 변화의 주체가 되어야만, 비로소 그 변화는 조직 전반에 뿌리 내릴 수 있다. 이를 위해 가장 중요한 첫 단계는 조직 건강성을 진단하는 것이다. 조직의 현재 상태, 즉 구성원들이 느끼는 문제점과 그들이 기대하는 변화를 명확하게 파악하지 않고서는 어떤 변화도 성공할 수 없다.

구성원들이 자발적으로 변화를 끌어나가는 전략을 수립하는 것도 필수적이다. 리더가 모든 것을 주도하는 것이 아니라, 구성원들이 스스로 변화를 제안하고 그 실행 방안을 추진할 때, 그 변화는 더 지속적이고 강력해진다. 자기 주도적 변화는 구성원들이 변화를 직접 이끌며 그들의 책임감을 더 높이고, 변화 과정의 주인이 되게 한다.

또한, 변화 과정에서 원활한 커뮤니케이션이 중요하다. 소통이 막히거나 구성원 간 협업이 부족하면, 변화의 동력이 쉽게 소진될 수 있다. 특히 MZ세대와의 소통은 전통적 방식보다는 투명하고 개방적인 대화를 통해 이루어져야 한다. 그들이 원하는 투명한 소통 구조와 피드백 시스템을 구축해야 변화에 대한 참여와 몰입을 끌어낼 수 있다.

결론적으로, 변화의 성공을 위해서는 구성원들이 스스로 변화의 목표를 설정하고, 그 과정을 주도할 기회를 주는 것이 중요하다. 변화는 리더의 지시가 아닌 구성원들이 주도해야만 진정한 지속성을 가진다. 사람은 본인이 스스로 선택한 것에서 가장 큰 가치를 느끼기 때문이다.

시스템 및 문화: 변화를 지속하고 선순환하도록 돕는 시스템과 문화적인 구조는 무엇인가?

마지막으로, 조직 변화가 지속되기 위해서는 조직의 시스템과 문화적 변화가 필수적이다. 변화는 개인의 의지나 조직 내부의 노력만으로는 한계가 있다. 조직의 체질을 변화에 유연하게 적응할 수 있도록 만들어야 하며, 이를 위해서는 변화를 지속적으로 지원할 수 있는 시스템적 기반과 제도가 필요하다. 조직의 시스템과 제도가 그 변화를 뒷받침하지 않으면, 변화는 일시적인 이벤트로 끝나기 쉽다.

조직의 체질을 변화에 유연하도록 만들어야 한다. 단순히 변화를 시도하는 것이 아니라, 그 변화가 조직의 일상적인 문화와 제도로 자리 잡을 수 있도록 해야 한다. 먼저 강점 기반의 문화는 구성원 스스로가 의미를 느끼고 몰입할 수 있도록 지원한다. 또한 구성원의 성장을 위한 지속적인 학습 지원이 필요하다. 구성원이 학습을 통해 성장할 수 있도록 돕고, 그 성장이 조직의 역량 강화와 연결될 수 있도록 체계적인 지원을 제공하는 것이 필요하다. 이와 함께, 조직 내 지식과 정보를 효과적으로 공유하고, 이를 기반으로 링커Linker 역할을 수행하는 자들을 육성하는 것도 중요하다. 현대 사회에서는 한 개인의 지식과 역량만으로 변화의 속도를 따라잡기 어려운 만큼, 조직 차원에서 협력적 환경을 구축하는 것이 필수적이다.

또한 조직 차원의 경력 개발과 지원도 중요하다. 구성원의 성장을 개인의 책임에만 맡기는 것이 아니라, 조직이 구체적인 성장 경로를 제시하고, 구성원이 그 경로를 따라 스스로 성장할 수 있도록 돕는 지원 체계를 마련해야 한다. 조직이 구성원이 지속적으로 성장할 수 있는 사다리가 될 때, 구성원은 자발적으로 조직에 남아 함께 성장할 꿈을 꾼다.

결국, 조직 변화는 리더, 구성원, 그리고 시스템이 하나로 맞물려 움직이는 총체적 과정이다. 변화는 어렵지만 그만큼 보람 있는 과정이기도 하다. 변화를 제대로 이끌고 관리한다면 구성원들과 함께 변화의 효능감을 느낄 수 있을 뿐만 아니라, 변화 속에서 새로운 기회를 창출하는 조직으로 발전할 수 있다. 변화Change와 기회Chance는 단 한 글자 차이다. 변화를 통해 새로운 기회를 창출하는 변화 잠재력이 가득한 조직changeable team으로 새로운 걸음을 내디뎌보는 것은 어떨까?

전문가 인터뷰

조태준 교수, 서울대학교 산업 인력 개발 전공

Q 교수님에 대한 간단한 소개를 부탁드립니다.

안녕하세요. 저는 서울대학교 산업인력개발학과의 조교수로 재직 중인 조태준이며, 현재 '글로벌 산업 인력 조직 역학 연구실'을 운영하고 있습니다. 저는 조직 및 팀 내에서 발생하는 역동적인 역학 관계, 예를 들어 리더십, 팔로워십, 링커십, 팀 분위기, 조직 문화 등을 연구하고 있습니다. 그리고 아직 개념이 잡히지 않았지만, 우리가 일상적인 조직 생활에서 흔하게 발생하는 현상들을 찾아내어 개념화하고 문제를 개선하고, 필요하다면 개발할 수 있는 것들에 관심이 많습니다. 또한 기존에는 팀에 역학이라는 단어를 사용하였는데, 조직 내 커뮤니케이션 속도 및 범위가 늘어남에 따라 상호 작용할 수 있는 영역이 팀에서 조직으로 확대되는 것에 착안하여 조직 역학에 대한 연구와 프로젝트들을 진행하고 있습니다.

Q 교수님께서는 조직 개발이나 조직의 역학 연구에서 현재 가장 중요한 이슈는 무엇이라 생각하시나요? 또한 이 이슈를 해결하기 위해 진행하고 계시는 연구는 어떤 것들인가요?

대다수 사람들은 조직 안에서 생활하며, 조직의 전략이나 문화 등의 영향을 주고받습니다. 저는 조직 문제를 다룰 때 두 가지 관점, 즉 거시적 관점과 미시적 관점을 이해하는 것이 중요하다고 생각합니다. 거시적 관점은 조직 문화와 전략과 같은 광범위한 요인들이 구성원에게 미치는 영향을 다룹니다. 이런 요소들은 개개인에게 실질적으로 와닿기 어렵기 때문에, 실질적인 행동 변화로 이어지기 어려운 측면이 있습니다. 반면, 미시적 관점은 구성원 개개인의 감정과 행동을 세밀히 분석하고, 팀 내에서 일어나는 다양한 상호 작용을 다루는 관점입니다. 예를 들어 구성원들이 팀 내에서 느끼고 반응하는 방식, 리더의 행동과 발언이 구성원들에게 미치는 영향 등이나 리더십과 팔로우십이 발휘되는 방식, 그리고 이 과정에서 성과로 연결되는 심리적 메커니즘 등이 미시적 관점의 연구 주제입니다. 조직의 성과와 지속가능성을 높이기 위해서는 위에서 언급한 거시적 관점과 미시적 관점이 잘 정렬돼야 합니다만, 종종 이러한 얼라인먼트는 간과되고 각각의 관점만을 강조하는 경우가 많습니다. 따라서, 오랫동안 강조된 이야기이지만 이를 실현하기 위한 고민이 필요해 보입니다.

최근에는 리더와 구성원 간의 '합(合)'이라는 주제에 대해 관심을 두고 연구 중입니다. 구성원과 리더 간의 지향점이 얼마나 일치하고, 추진 방식이 얼마나 맞아 시너지를 낼 수 있는지를 파악하는 것이 핵심인데, 많은 경우 이러한 합이 결과론적으로만 평가되는 경향이 있습니다. 예를 들어 "너와 나는 맞아, 맞지 않아" 혹은 "너는 나에게 신뢰가 없어"라는 식의 겉으로 드러나는 부분만 집중하곤 합니다. 또한 너무 공식적인 역할에서 리더와 팔로워의 관계를 설명하려는 경향이 많은데, 사실 리더십 또한 사람과 사람이 만나 상호 작용하는 과정이기에, 저는 이러한 '합'이 중간 과정에서 어떻게 맞춰지고 강화될 수 있는지에 관심이 있습니다. 이러한 맥락에서 리더와 구성원의 얼라인먼트(Alignment) 및 싱크로나이제이션(Synchronization) 과정을 구체화하는 연구를 진행하고 있습니다.

Q **최근 연구하시는 '링커십' 개념에 대해 좀 더 설명해 주실 수 있을까요? 링커십이 조직 변화와 적응에 어떤 긍정적 영향을 미칠 수 있는지 궁금합니다.**

링커십은 제가 처음 개발한 용어는 아니며, 중간 관리자의 역할을 의미하는 다른 맥락에서 사용된 적이 있습니다. 그러나 저는 링커십을 중간 관리자뿐만 아니라 모든 조직 구성원이 갖춰야 할 역량으로 확장하여 연구하고 있습니다. 사실 이 개념은 컴퓨터 프로그래밍의 '링커(linker)'에서 착안했습니다. 간략히 링커는 우리가 프로그램을 실행 시킬 때 프로그램 폴더에 여기저기 나누어져 있는 프로그램의 조각들(예: 코드, 모듈, 오브젝트 파일, 라이브러리 등)을 연결시켜 줌으로써 우리가 사용할 수 있는 형태로 만들어 줍니다. 저는 이 점에서 착안하여 조직 내에서도 뿔뿔이 흩어지는 자원들을 연결해 주는 사람들, 많은 경우 '오지랖이 넓다'라는 표현으로 간과되기는 하는데, 우리가 조직 생활을 하다 보면 이런 사람들이 개인 및 팀이 성과를 내는 데 큰 도움이 됩니다. 따라서 저는 이 주제에 대해 연구를 진행하였고, 총 3가지 유형의 링커십으로 구분하였습니다.

첫 번째는 전략적 링커십(strategic linkership)으로 조직의 상하를 이어주는 역량입니다. 아마 모든 조직이 비전과 미션 혹은 전략이 있는데, 사실 조직 하단에서 근무하는 종업원들은 이를 잘 이해하지 못합니다. 혹은 조직의 상부에 있는 사람들은 조직의 생존과 직결되는 고객들의 소리(Voice of Customer)를 들을 기회가 많지 않습니다. 따라서 조직 상부의 비전과 목표를 하부 조직원에게 전달하거나, 하부 조직원의 요구와 불만을 상부에 전달하는 역량을 이야기합니다.

두 번째 정보적 링커십(informative linkership)입니다. 과거에는 정보를 얻기 위해 지식 원천을 직접 만나야 했지만, 오늘날에는 정보를 연결해 주는 역할이 중요해지고 있습니다. "어디에서 필요한 정보를 찾을 수 있는지" 또는 "누가 해당 정보를 잘 알고 있는지"를 파악하고 적재적소에 연결하는 것이 정보적 링커십의 핵심입니다. 예를 들어 조직 내에서 외부 정보나 고객 데이터를 신속하게 수집해 필요한 사람에게 적시에 전달하는 것도 정보적 링커십입니다. 이러한 정보 연결 역량은 특히 디지털 환경에서 중요한 소프트 스킬로 부각되고 있으며, 정보적 링커십은 조직의 지식 공유와 협력을 촉진해 의사 결정을 효율적으로 돕는 중요한 역량입니다.

세 번째는 관계적 링커십입니다. 관계적 링커십은 단순히 사람들과의 관계를 유지하는 것을 넘어, 관계 형성과 유지 과정에서 헌신과 노력이 필요하다는 것을 의미합니다. 예를 들어, 친구들 간 모임에서도 주도적으로 일정을 조율하고 회비를 정산하며 소통을 원활하게 이어주는 사람이 있습니다. 이러한 헌신이 모든 관계를 유지하고 발전시키는 핵심입니다. 또한 관계적 링커십은 팀의 분위기를 긍정적으로 조성하고, 갈등이 발생했을 때 중재하는 역할로도 중요성을 발휘합니다. 관계적 링커십을 가진 사람은 팀 내 갈등의 원인을 이해하고, 상호 간 입장을 조율해 문제를 해결하는 소통 창구를 마련하며, 신뢰와 협력을 기반으로 한 긍정적인 환경을 조성하는 데 핵심 역할을 합니다.

Q 조직에서 변화가 성공적으로 이루어지기 위해 가장 중요한 요소는 무엇이라 생각하시나요?

저는 변화에 깊은 관심을 가지고 있으며, 조직 내 변화를 연구하는 과정에서 VIP 모델을 개발했습니다. VIP 모델은 조직의 변화와 성과가 Value(가치), Innovation(혁신), People(사람)의 상호 작용으로 이루어진다는 개념입니다.

먼저, Value는 조직의 핵심 가치(core value)를 의미하며, 조직 구성원들이 행동과 의사 결정을 할 때 기준이 되는 원칙이나 신념을 의미합니다. 따라서, 모든 의사 결정에는 핵심 가치가 적용되어야 하며, 이는 조직의 생존 및 지속 가능성과 직결하게 됩니다. 변화가 성공적으로 안착되기 위해서는 앞서 설명한 전략적 링커십에서 언급했듯이, CEO의 비전이 조직 전반에 공감되고 실천될 수 있도록 리더의 카리스마와 변혁적 의지가 필요하며, 이를 위한 링커십 역량 등이 필요합니다.

다음으로 Innovation은 기존 방식을 넘어 조직에 변화를 가져올 수 있는 요소입니다. 이는 조직이 새로운 아이디어, 프로세스, 서비스, 기술 혹은 경영 방식을 도입하여 기존의 것들을 변화시키고 조직의 성과를 개선하려는 시도를 의미합니다. 새로운 혁신이 조직 변화로 이어지기 위해서는 왜 이 변화가 중요한가를 설명하고 이해시키는 커뮤니케이션이 가장 중요하다고 생각할 수 있습니다.

마지막으로 People 측면인데, 사람은 조직을 구성하는 가장 기본적이고 핵심적인 요소입니다. 사람은 어떤 식으로 관리 및 개발을 하느냐에 따라 역량의 범위가 달라집니다. 인적 자원은 다른 자원들과 다르게 사용하면 할수록 더 많은 가치를 창출하기 때문에 변화는 단순 성과를 관리하는 것을 넘어 구성원의 잠재력을 발휘할 수 있도록 성과 개발의 방향으로 설정되어야 합니다.

VIP 모델에서 세 요소의 상호 작용은 중요한 의미를 가집니다. 예를 들어 Value와 People 간에는 정렬(Alignment)이 필요하며, 이는 조직의 비전과 구성원의 목표와 동기 부여가 일치하도록 만드는 것을 의미합니다. 또한 Value와 Innovation 간에는 통합(Integration)이 필수적이며, 핵심 가치를 담지 않은 혁신은 무의미할 수 있습니다. 마지막으로 Innovation과 People 간에는 소통(Communication)이 필요한데, 혁신의 방향이 조직 전반에 잘 전파되고 사람들이 잘 이해해야 한다는 의미입니다. 이를 통해 변화에 대한 저항도 최소화시킬 수 있습니다.

PART

2

개인 역동:

팀 변화의

핵심 key는

바로 팀 리더

전략적으로 위기 의식을 공유하라

위기 의식 공유

"고백을 하자면 위기 의식도 없이 꼴찌만 하는 드림즈 팀을 보며 '배 부른 돼지' 같다는 생각을 했던 적이 있습니다."

— 드라마 〈스토브리그〉 백승수 단장

"지금부터 내 말을 녹음하세요. 내가 질적으로 탁월한 경영을 해야 한다고 그렇게 강조했는데, 이것이 그 결과입니까? 나는 지금 껏 속아왔습니다. 사장과 임원들 전부 프랑크푸르트로 모이세요. 이제부터 내가 직접 나설 겁니다."

"마누라와 자식 빼고는 다 바꾸세요."

이것은 삼성 60년 역사에서 가장 중요한 순간 중 하나로 꼽히는 '프랑크푸르트 선언'의 한 장면이다.

1993년 6월 7일 이건희 회장은 독일 프랑크푸르트의 캠핀스키 호텔로 삼성 사장들과 임직원을 불러 모아 이렇게 말했다. "우리는 지금 죽느냐 사느냐의 갈림길에 서 있습니다. 모든 변화는 나로부터 시작합니다. 모든 변화의 원점에는 나의 변화가 있어야 합니다."

그는 앞서 미국의 LA 매장에서 삼성 세탁기의 불량 부품을 칼로 깎아 조립하는 모습을 보고 격노했고, 바로 전날엔 비행기 안에서 한 편의 보고서를 읽었다. 자신이 3년 전 일본 교세라에서 스카우트해 온 후쿠다 타미오 고문이 쓴 보고서에는 후쿠다 고문이 제안한 의견들이 삼성 조직에 반영되지 않는 현실과 그 이유에 대한 분석이 가득했다. '신경영의 시발점'으로 불리는 '후쿠다 보고서'였다. 이로 인해 삼성의 뼈를 깎고 가죽을 벗기는 혁신이 시작되었다.

그 결과 '신경영선언' 이후 당시 매출 10조 원에서 2018년 15년 만에 387조 원으로 39배가 증가했다. 시가 총액도 1조 원에서 296조로 400배 가까이 늘었다. 무엇보다 중요한 것은 신경영을 통해 반도체와 스마트폰의 신화를 쓰며 '한국의 삼성'에서 '세계의 삼성'으로 발전했다는 점이다.

리더십의 다크사이드를 강조한다면

서울대 조태준 교수는 리더십의 긍정적 측면뿐 아니라 부정적 측면dark side에도 관심을 가져야 한다고 말했다. 실제로 대부분의 리더십 연구는 감성 리더십, 셀프 리더십, 서번트 리더십 등 긍정적인 영향력을 강조하는 데 초점을 맞춘다. 긍정적인 동기 부여가 구성원의 직무 만족과 몰입을 유도하여 궁극적으로 조직의 성과를 향상시킨다는 가정이 주를 이룬다. 하지만 최근 인간은 단순 긍정적인 정서에만 동기를 유발하는가 하는 의문이 제기된다. 인간은 과거의 자극들을 조직화해서 머릿속에 체계화시켜 놓은 후 현실을 이 단순화된 프로세스로 해석하고 이것을 스키마라고 한다. 하지만 인간의 스키마는 궁극적 본성인 생존이라는 목적을 달성하고자 하기 때문에 긍정적 자극보다는 부정적인 자극에 더 민감하게 반응한다. 즉, 일반적인 수준의 긍정적인 자극은 당연시하게 여기며 의도적으로 인지하거나 반응하지 않는 반면, 부정적인 자극은 스키마를 형성하는 데 중요한 요소로 작용하게 되어 장기 기억이 되며 민감하게 반응하고 더 나아가 이를 극복 혹은 개선하기 위하여 스스로 노력하게 된다는 의미다. 이러한 맥락에서 단순히 구성원들에게 긍정적 자극만을 제공하였을 때 이를 당연하게 여기게 되면서 변화를 끌만큼의 동기가 부여되기 어렵다. 따라서 구성원들의 동기를 부여하기 위한 단순한 긍정적 자극을 넘어 생존과 연관된 부정적 자극을 함께 제공하는 방식으로의 위기감 조성이 필요하다고 조태준 교수는 말한다.

이를 단적으로 보여주는 한 가지 사례가 더 있다. 1995년 3월 9일 오전 10시, 삼성전자 구미 사업장 운동장에는 2천여 명의 전 직원이 모인 가운데 휴대폰 제품 15만 대가 쌓여 있었다. 현수막에는 '품질은 나의 인격이요 자존심'이라는 문구가 크게 적혀 있었고, '품질 확보'라는 머리띠를 두른 직원 10여 명이 해머를 들고 제품들을 부수기 시작했다. 부순 제품들은 불구덩이 속으로 던졌고, 거대한 화염으로 모두 불태웠다.

이 화형식은 설 선물로 임원들에게 전달된 2천여 대의 휴대폰에서 시작되었다. 임원들 사이에서 "통화가 안 된다"는 불만이 터져 나왔고, 이 사실이 이건희 회장에게 전해지면서 크게 분노했다. "돈 받고 불량품을 만들다니, 고객이 두렵지도 않나"라며 이 회장은 500억 원 상당의 제품을 태워버리는 화형식을 지시했다. 이 사건은 삼성 내부에 큰 충격을 주었고, 품질을 향한 조직의 자세를 근본적으로 바꾸는 계기가 되었다.

이 사건은 구성원들에게 위기감을 조성하여 조직을 쇄신하고 변화를 촉발한 사례로 볼 수 있다. 리더가 변화의 필요성을 인지하고, 이를 통해 조직원들에게 자극을 주어 변화의 필요성을 절감하게 할 수 있었던 것이다. 하버드대학의 존 코터 교수는 본인의 저서 〈기업이 원하는 변화의 기술〉에서 조직의 변화를 성공으로 이끌기 위한 8단계를 제시했는데, 그중 가장 먼저 1단계로 '위기감을 고조시켜라'고 말한 것과 맥락이 일치한다. 존 코터 교수는 구성원이 변화의 필요성과 심각성을 깨닫게 하기 위해 직접 보고 느낄 수 있도록 해야 한다고 말했다. 이것이 심각한 문제라고 100번 말하는 것보다 구성원들이 체감할 수 있는 실제 현황을 가시적으로 보여주는 것이 중요하다. 예를 들어 고객 관리의 중요성을 피력하기보다 고객이 화가난 모습을 직접 찍은 영상을 틀어주어 '발등에 떨어진 불'로 느낄 수 있게 하는 방식이다. 이를 통해 구성원 스스로가 '새로운 시작 Restart'이 필요하다고 말할 수 있게 된다.

같은 맥락으로 최근 주목받는 심리적 안정감이 과할 때는 오히려 조직의 성과를 떨어뜨린다는 연구 결과가 있다. 이스라엘 텔아비브대학교 경영학과 리앗 엘도르 Liat Eldor 교수와 펜실베이니아대학교 와튼스쿨의 피터 카펠리 Peter Cappelli 교수는 연구를 통해 심리적 안정감은 일정 수준까지 확보될 때 구성원의 몰입, 소통, 협업 강화를 통한 성과 창출에 기여하지만, 어느 수준을 넘어가면 오히려 성과가 떨어지는 역U형의 결과를 초래하게 된다고 말했다. 이는 구성원이 적극적으로 참여할 수 있는 토대인 심리적 안정감과 함께 변화의 필요성 또는 위기 의식이 함께 있어야 변화가 촉진된다는 것

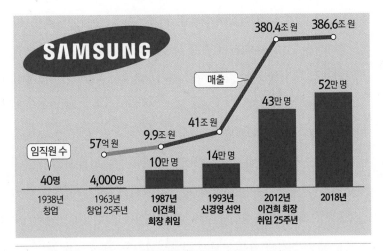

삼성 그룹 주요 지표 변화

을 의미한다.

리더의 위기감 조성이 변화 관리에서 중요한 주제로 떠오르는 이유가 있다. 위기는 두려운 상황이지만 동시에 혁신의 기회가 될 수 있기 때문이다. 탁월한 리더는 위기를 회피하지 않고, 이를 조직에 전략적으로 공유해 도약의 발판으로 삼는다. 이건희 회장이 보여준 것처럼, 위기 속에서 기회를 포착하여 조직을 한 단계 도약시키는 것은 리더의 중요한 역할이다.

물론, 의도적인 위기 의식을 계속 조성하는 것은 적절치 않다. "우리 리더는 성과가 좋은데도 왜 항상 위기만 강조하느냐"라는 불만을 팀원들이 가질 수 있으며, 리더의 위기 강조가 성과급을 줄이거나 조직 내부 문제를 다른 목적으로 이용하는 것처럼 비춰질 수 있다. 따라서 리더는 위기감 조성을 명확한 문제 인식과 함께 진실하게 전달해야 하며, 구성원들이 현재 상황을 정확히 인식하고 변화에 동참하도록 만드는 것이 중요하다.

결국, 리더는 변화의 필요성을 구성원에게 구체적으로 전달하며, 그 위기 의식을 통해 새로운 변화를 위한 모멘텀을 창출해야 한다. 이는 위기감을 전략적으로 활용해 구성원들이 자발적으로 변화에 참여할 수 있도록 하는 강력한 도구가 될 수 있다.

리더의 위기 의식 공유 현황을 확인하기 위한 자가 체크 리스트

• 당신은 현재 조직이 직면한 주요 위기 요소와 잠재적 기회 요소를 명확히 이해하고 있습니까? 이러한 요소들을 다른 사람에게 설명할 수 있을 정도로 구체적으로 알고 있습니까?

• 당신은 경영진이 인식하고 있는 핵심 문제와 고민을 구성원들에게 일관되게 소통하고 있습니까? 경영진의 우려와 개선 방향을 조직 전체가 공유할 수 있도록 하는 전략을 갖고 있습니까?

- 조직의 구성원들은 현재 조직이 직면한 경쟁 상황, 고객 요구, 그리고 기술 및 시장 변화의 심각성을 충분히 이해하고 있습니까? 구성원들이 이를 정확히 인지하고 있는지 확인한 적이 있습니까?

- 당신은 조직의 문제점과 개선이 필요한 부분에 대해 실질적인 데이터나 가시적인 지표를 통해 구성원들에게 공유하고 있습니까?

- 위기 의식을 단발성으로 전달하는 것이 아니라, 이를 꾸준히 반복적으로 소통하여 구성원들에게 지속적으로 인식시키고 있습니까?

- 모든 구성원이 변화의 필요성을 이해하도록 돕는 교육 프로그램, 워크숍 또는 논의의 장을 정기적으로 마련하고 있습니까?

- 당신은 조직의 문화가 위기 의식을 수용하고 변화로 전환할 수 있도록 동기를 부여하고 있습니까? 구성원들이 위기 상황에서 적극적인 자세를 취하도록 문화적 기반을 조성하고 있습니까?

- 당신은 위기 상황에 대한 이해와 함께, 변화의 구체적인 목표와 필요성을 연결 지어 설명하고 있습니까?

나와 우리 구성원은
한 배에 타고 있나요?

비저닝

"나는 내가 어디로 가고 있는지 알고 있고, GE의 모든 구성원도 내가 어디로 가고 있는지 알고 있다."

-잭 웰치

팀과 팀원이 같은 방향으로 노를 저어가려면?

조정 경기는 노를 저어 배의 속도를 겨루는 수상 경기로 다른 운동 종목과는 달리 선수 모두 결승점으로부터 등을 돌리고 시작하는 독특한 경기다. 출발선으로부터 결승전까지의 주어진 거리를 정해진 인원으로 노를 저어 먼저 도착하는 보트가 승리하는 스포츠이다. 모두가 결승전을 등지고 있는 그 순간 단 한 사람만 반대 방향으로 앉아서 결승점과 다른 선수들을 보는 사람이 있는데, 그 역할을 하는 사람을 '콕스cox' 또는 '콕스웨인coxswain'이라고 한다. 콕스는 배의 방향을 조절하고, 노 젓는 선수들의 리듬과 속도를 조절하여 팀이 하나로 움직이도록 지휘하는 역할을 한다. 이 역할은 팀의 전략을 실행하고, 경기 중 선수들을 독려하며, 경기의 흐름을 읽어 최적의 레이스를 끌어내는 중요한 역할이다.

우리의 팀을 생각해 보자. 팀원 모두가 열심히 노를 젓고 있다. 하지만 팀원 개개인은 팀이라는 배가 실제로 어디로 나가고 있는지 정확하게 인지하기 어렵다. 하지만 나아갈 방향과 팀원들의 움직임을 보고 조율하는 이가 있으니 그는 바로 리더이다. 당연하게 리더는 팀이라는 배의 콕스가 되어야 한다. 조직이라는 배에서는 다양한 일들이 일어난다. 모두가 열심히 노를 젓는 중에 한 명만 멈춰서 있는 경우도 있고, 심지어는 반대로 노를 젓기도 한다. 그리고 모두가 제각기 노를 젓는다면 속도는 물론이고 방향 또한 엉망진창이 된다.

콕스로서 리더는 팀원들이 같은 방향으로 노를 젓고 있는지, 반대로 노를 젓고 있는 팀원은 없는지 확인해야 한다. 또한 우리 배가 어디로 가고 있는지, 목적지를 향해 가고 있는지를 끊임없이 점검

해야 하며 모두가 각자의 역할에서 최선을 다할 수 있도록 소통하고 동기 부여할 책임과 사명이 있다. 모두의 열심이 공동의 성공으로 나가는 데 기여하고 있는지 점검하는 콕스의 일, 그것이 바로 비저닝이다.

조직은 리더가 꿈꾸는 만큼 성장한다

리더의 가장 중요한 역할 중 하나는 비전을 제시하는 것이다. 리더는 비전을 수립하고 장기적인 방향과 목표를 설정하여 조직에 큰 영향을 미친다. 오지 않은 미래를 명확히 그리고, 구성원들이 그 비전을 실감할 수 있도록 제시하는 것이 비저너리 리더의 핵심이다.

구성원들은 리더가 제시한 비전과 목표를 보고 따라온다. 구성원들이 현재의 업무에 집중하고 있는 동안, 리더는 미래를 예측하고 준비하는 역할을 해야 한다. 이것이 포어사이트Foresight 역량이 중요한 이유다. 성공적인 리더들은 비전을 제시하는 것이 얼마나 중요한지 알기에, 당면한 문제를 해결할 때도 장기적인 관점을 놓치지 않는다. 하지만 게리 해멀 교수에 따르면, 많은 임원들은 시간의 단 2.4%만을 미래 계획에 할애한다고 한다.

리더가 비전을 제시하는 것과 매니지먼트Management를 실행하는 것의 차이를 알아야 한다. 매니지먼트는 목표 달성과 성과 창출을 위한 효율적인 운영과 자원 관리를 포함한다. 그러나 비전은 팀원들이 그 방향에 동의하고, 자신의 역할을 찾아 실행으로 옮기도록 하는 더 큰 그림을 그린다. 따라서 비전은 팀원들을 정렬align시키고, 한 방향으로 나아가게 만든다.

선택적 주의를 깨뜨리는 강조와 반복

미국의 인지심리학자인 크리스토퍼 차브리스와 대니얼 사이먼

스 교수가 진행한 '보이지 않는 고릴라 실험'이라는 유명한 실험이 있다. 6명의 학생을 2팀으로 나누고, A팀은 검은색 셔츠, B팀은 흰색 셔츠를 입고 공을 패스하도록 한다. 이를 촬영한 뒤 실험자에게 보여주며 패스 횟수를 세도록 했다. 그리고 중간에 고릴라가 등장하는데 화면의 여러 군데를 돌아다니다 가슴을 치며 눈에 띄는 행동을 반복한다. 약 1분의 영상 시청 후 실험자들에게 패스 횟수와 함께 고릴라를 보았냐고 물어보았다. 대부분의 실험자들이 패스 횟수는 맞추었지만 50%의 인원은 고릴라의 존재를 알지 못했다. 1분 영상 중 9초간 등장하여 꽤 많은 비중을 차지했고, 독특한 모습이었지만 신기하게도 패스에 집중한 많은 인원이 고릴라의 존재조차 인지하지 못했다. 이처럼 본인이 집중하고 있는 주제 외에 다른 것을 인지하지 못하는 현상을 선택적 주의라고 부른다.

조직 안에서도 선택적 주의 현상이 나타난다. 특히 각자가 본인의 업무에 몰두해 있을 때, 그 외의 영역들에 대해서는 전혀 인지하지 못한다. 다만 본인의 일을 할 뿐이다. 연초 팀장이 계획한 사업 계획과 함께 팀에 대한 원대한 기대와 방향을 공유하지만 대부분 기억하는 이가 없는 이유와 유사하다. 이처럼 방향성을 보는 것이 핵심 역할인 콕스 팀장과 눈 앞의 노를 열심히 저어가야 하는 팀원들의 인지 상태는 차이가 있다는 사실을 인식하는 것이 시작이다.

그 차이를 인식했다면 어떻게 할까? 리더는 메시지를 반복해야 한다. 팀의 비전 제시나 방향성과 같이 중요한 메시지라면 더욱 반복해서 강조해야 한다. 구성원이 인지할 때까지 반복해서 비전과 방향성에 대해 공유해야 하고, 납득하고 공감하지 못한다면 다양한 관점에서 풀어서 설명해야 하고, 묻고, 토의하고, 반복해야 한다. 때로는 과하다 싶을 정도로 반복이 필요하다. 이렇게 반복적으로 팀에 중요 메시지가 흐를 때, 구성원 안에 있는 선택적 주의에 균열이 생기고, 주요 메시지가 전달된다.

끝그림End-image의 중요성

다음으로 중요한 것이 의미why를 설명하는 것이다. 팀장이 그리고 있는 방향성이 무엇인지what를 설명하는 것만큼이나 중요한 것이 그 의미를 설명하는 것이다. 이것이 어떤 의미인지, 그리고 그를 통해 이뤄가고자 하는 변화가 어떤 모습인지를 구체적인 결과to-be 이미지를 통해 소통하는 것이 필요하다. 또한 팀장이 어떤 의도로 강조하는지, 이를 통해 그려가고자 하는 팀의 이상적인 끝그림이 무엇인지를 소통해야 한다. 물론 그 끝그림은 리더가 독단적으로 그린 후 일방향으로 전달하는 것뿐만 아니라, 그림을 함께 그리는 과정이 필요하다. 팀원에게 '아무런 제약 조건이 없다면 이번 연말인 12월 31일에 당신이 그리는 우리 팀과 팀원 본인의 이상적인 모습은 무엇인지'를 먼저 물어보고, 팀장의 끝그림을 제시해 보자. 그리고 그 차이에 대해 함께 이야기하고, 팀원의 생각과 바람을 담아 우리 팀의 끝그림을 함께 그려보자. 그렇게 구체화된 우리의 끝그림은 구성원에게 새로운 기대감을 줄 것이고, 팀원들이 그 끝그림에 동의하면 동의할수록 그를 달성하기 위한 팀원 각각의 액션 플랜은 더욱 구체화된다.

비전은 조직의 성공과 성장을 이끄는 중심축이다. 함께, 그리고 멀리 갈 수 있게 하는 힘이 비저닝이 아닐까 한다. 리더는 그 비전을 명확히 제시하고, 끊임없이 공유하며, 구성원들이 그 비전에 공감하고 실천할 수 있도록 해야 한다. 이는 조직이 함께 꿈꾸고, 하나의 목표를 향해 나아갈 수 있는 힘이 될 것이다.

주인이 아닌데 어떻게
주인 의식을 가지나요?

주도권 부여

직장인은 현대판 노비?

예능 프로그램 〈무한도전〉에서 조선시대 특집을 주제로 에피소드를 방영한 적이 있었다. 캐릭터마다 천민, 선비, 광대 분장을 하고, 현대 사회로 시간 여행을 떠나는 이야기였다. 광대 역할을 맡은 노홍철은 서울 거리를 지나며 행인에게 직업이 무엇이냐 묻는다. 그때 행인은 '회사원'이라 답하는데, 조선시대 사람인 노홍철은 회사원이 무엇인지 알 수 없으니, 회사원이 무엇이냐고 묻는다. 그때 행인은 '회사원은 노비에요'라고 대답한다. 이 장면은 시청자들에게 큰 공감을 불러일으켰다.

무엇이 우리로 하여금 공감을 하도록 만들었을까? 이는 직장인으로서 우리의 자아상을 보여주는 것은 아닐까? 월급을 받고 생계유지를 위해 마지못해 출근하고, 주인이 시키는 대로 할 수밖에 없는 노비. 이것이 이 시대를 살아가는 직장인의 일면이 아닐까 하는 생각이 들었다.

그런데 많은 경영진이 요즘 직원들이 주인 의식이 없다고 한탄한다. '라떼는' 밤낮을 가리지 않고 조직에 충성했으며, 조직은 그 대가로 높은 연봉과 승진의 기회를 제공했는데, 요즘 젊은 세대는 근성이 없다고 안타까워한다. 이런 말을 들을 때 요즘 젊은이들은 이렇게 말한다. "주인이 아닌데 어떻게 주인 의식을 가지나요? 그럼 주인처럼 대우해 주세요." 대우는 노비 수준인데 마인드는 왜 주인처럼 가지라는 건지 이해할 수 없다는 반응이다.

이 상황에서 가장 곤혹스러운 것은 가운데 낀 중간 리더이다. 경영진은 주인 의식이 없는 요즘 세대에 대해 아쉬움을 토로하지만, 젊은 세대는 주인 의식을 가질 생각이 없는 듯하다. 주인 의식을 강조하는 리더와 선배들을 꼰대로 생각하는 것 같아 부담스럽다. 이 딜레마 속에서 '낀' 리더는 어떻게 해야 할까? 주인이 아니면 주인 의식을 갖는 것은 불가능한 것일까?

주인 의식의 핵심, 자기 결정성과 잡 크래프팅

인간의 행동과 동기 부여를 이해하는 데 중요한 이론으로 자기 결정성 이론Self-Determination Theory이 있다. 이 이론은 인간이 어떻게 행동하고 왜 그렇게 행동하는지에 대한 중요한 통찰을 제공하며, 구성원이 어떻게 하면 주인 의식을 가질 수 있는지에 대한 의미 있는 답을 제시한다. 자기 결정성 이론에 따르면, 주인 의식을 갖기 위해서는 세 가지 요소가 충족되어야 한다.

첫째는 자율성이다. 인간은 본인이 스스로 선택한 행동에 특별한 의미를 느끼며, 스스로 통제할 수 있다고 여길 때 더 큰 동기 부여를 받는다. 둘째는 유능성이다. 인간은 스스로 능력 있는 존재라 여길 때, 자신의 과제를 통해 유능함을 자각하고 싶어한다. 셋째는 관계성으로, 타인과의 연결을 통해 더욱 의미를 느낀다.

이러한 측면에서 잡 크래프팅에 대한 관심이 높아지고 있다. 잡 크래프팅이란 직원이 스스로 자신의 업무나 관계를 조정하고 재설계하는 과정으로, 이를 통해 일에 더 큰 의미를 부여하고 정체성을 재정립하는 것을 목표로 한다. 이 개념은 에이미 브제스니에브스키 교수와 제인 더턴 교수가 2001년에 처음 소개한 것이다.

잡 크래프팅은 업무의 세 가지 주요 경계에서 변화를 제안한다: 업무 재설계, 일의 의미 재설계, 관계 재설계다. 이를 통해 직원들

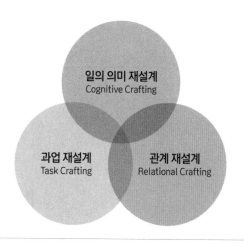

주인 의식을 갖기 위한 세 가지 요소(자기 결정성 이론)

은 자신의 일에서 더 큰 의미를 발견하고, 역할에 대한 자부심과 정체성을 새롭게 형성할 수 있다. 잡 크래프팅은 주어진 업무를 단순히 수행하는 데 그치지 않고, 직원 스스로가 자신의 업무와 관계에 변화를 주어 더 의미 있게 만드는 일련의 활동이라 할 수 있다. 즉, 팀원들이 자발적으로 자신의 업무를 재구성하고, 일에 대한 인식과 관계를 조정하려는 노력을 통해 업무와 조직에 대한 몰입을 높이는 과정이다.

업무 재설계는 직원이 맡은 과업을 새롭게 바라보고, 더 효과적이고 의미 있는 방식으로 수행할 방법을 찾는 것이다. 일의 의미 재설계는 현재 업무의 목적을 재정의해 직원이 자신의 역할에 더 큰 의미를 부여한다. 관계 재설계는 협력하고 있는 팀원이나 관련 부서와의 관계를 재정립하여 더 원활한 협업을 이룰 수 있다. 이러한 변화는 직원들이 업무에 더 몰입하게 하고, 성과를 높이는 기반이 된다.

잡 크래프팅은 전통적인 직무 설계와는 명확히 차별화된다. 직무 설계는 회사가 주도하여 직원의 역할을 설계하고, 직무를 배정하는 톱다운 방식이다. 직무 확대나 직무 순환과 같은 방식으로 과업을 설정하지만, 직원의 자율성은 제한적이다. 반면 잡 크래프팅은 직원이 스스로 자신의 업무와 역할을 재설계하고, 이를 통해 주도적으로 업무를 수행할 수 있는 구조를 제공한다.

결국 잡 크래프팅의 핵심은 일의 의미를 찾는 것이다. 직원들은 주어진 일을 자신만의 방식으로 재정립하고, 이를 통해 더 큰 성취감과 책임감을 느끼게 된다.

리더가 먼저 잡 크래프팅 하라

잡 크래프팅은 팀원만의 몫이 아니다. 리더가 먼저 잡 크래프팅을 실천하고, 팀원들에게 그 가능성을 열어주는 것이 중요하다. 업무 재설계 측면에서, 리더는 구성원들의 흥미와 역량을 고려하여 업무를 재배치하고, 구성원이 주도적으로 업무를 재구성할 수 있도록 지원해야 한다. 무엇보다 리더가 직접 구성원 주도의 업무 재설계를 지지하고 격려하는 것이 필수적이다. 이를 위해 리더는 개별 구성원의 강점을 파악하고, 그들이 더 의미 있는 방식으로 업무를 수행할 수 있는 기회를 제공해야 한다. 이를 통해 구성원들은 자신의 업무에서 더 큰 의미를 발견하고, 몰입하여 성과를 높일 수 있다.

또한 리더가 관계적 기회를 창출하는 것도 중요하다. 구성원이 조직 내 울타리 안에서만 갇히지 않도록 리더는 다른 부서나 외부와의 교류와 협업 기회를 적극적으로 만들어야 한다. 이를 통해 구성원은 다양한 관점과 소통의 기회를 가지게 되고, 새로운 창의성을 발휘할 수 있는 환경이 조성된다.

무엇보다 중요한 것은 구성원이 일의 의미를 느낄 수 있도록 지속적으로 지원하는 것이다. 업무를 부여할 때 그 의미를 명확히 설명하고, 구성원이 자신의 일이 조직 전체에 어떤 기여를 하고 있는지를 인식할 수 있도록 소통해야 한다. 팀원들이 자신이 맡은 업무가 단순한 과업 수행에 그치지 않고, 조직의 큰 그림 안에서 실질적인 변화를 만들어가는 중요한 역할을 하고 있다는 것을 깨닫게 할 때, 더 큰 동기 부여와 성취감을 느끼게 된다.

문화를 만드는 리더의 공식 언어와 비언어적 메시지

팀장의 소통

리더의 메시지, 그 무게는?

최근 승진한 이 상무는 출근길에 우연히 박 책임과 마주쳤다. 가벼운 대화로 분위기를 풀기 위해 그는 "여기 벽 색깔이 너무 밝지 않아? 무채색이면 피로감이 덜하던데"라고 말을 건넸다. 별다른 의도는 없었고, 가볍게 던진 말이었다. 하지만 출장에서 돌아온 후, 그는 사무실 벽이 모두 회색으로 바뀌어 있는 것을 보고 깜짝 놀랐다. 그에게는 아무 의미 없는 한마디였지만, 그 말은 구성원들에게 강력한 지시처럼 받아들여졌다. 이는 리더의 말이 가진 힘을 보여주는 사례다. 리더는 직위와 함께 '포지션 파워'를 가지며, 그 말 자체가 조직 내에서 공식적인 의미를 가지게 된다.

리더의 영향력은 더욱 크다. 조직에서 팀이 직장인의 일상에 가장 밀접하게 영향을 미치기 때문이다. 회사의 전략보다 팀의 계획이 더 직접적인 영향을 미치고, 회사의 제도보다 팀 내 규율이 직장생활을 좌우한다. 매일 함께하는 리더와 동료는 조직의 문화를 형성하는 중요한 존재다. 따라서 리더의 언어는 곧 팀의 규범이 되며, 구성원들에게 큰 영향을 미친다.

리더의 공식 언어

R&D 팀을 이끄는 박 팀장은 구성원들과의 워크숍에서 팀의 변화와 성장을 논의했다. 구성원들은 각자의 생각을 공유하며 기대에 부풀어 있었고, 대화가 무르익었다. 그 순간 리더가 무심코 던진 말이 분위기를 뒤바꿨다.

"나도 팀장이 되고 나니 일이 너무 쏟아지고 버거워서, 내년에는 리더를 그만두겠다고 말했어. 이번 연말까지는 3개월 정도 밖에 안 남았으니, 우리 같이 몇 달만 잘 버텨보자."

그때 나는 그 말을 들은 팀원들의 표정을 잊을 수 없었다. 힘들지만 의지하고 따라가야 할 리더가 곧 그만둘 것이며, 리더조차 버티기 어려운 현재 상황을 누가 과연 풀어갈 수 있을까? 지금처럼 내가 에너지를 쏟아 열심히 하는 게 맞나? 이런 팀이라면 침몰하기 전에 먼저 탈출하는 것이 낫지 않을까? 허탈함과 배신감, 막막함 등 만감이 교차하는 모습이었다.

박 팀장의 말은 가볍게 던진 비공식적인 말이었다고 생각할 수 있으나, 구성원들에게는 분명한 메시지였다. 이 팀은 그렇게까지 헌신하고 몰입하며, 최선을 다할 가치가 있는 조직이 아닐지 모른다는 치명적인 메시지를 던진 것이다. (물론 그 팀장은 그 정도의 파급력을 전혀 생각하지 못하는 듯했다.) 리더가 되는 순간, 비공식 언어는 더 이상 존재하지 않는다. 리더의 말은 곧 메시지가 되며, 구성원들은 그 메시지에 따라 행동을 바꾼다. 따라서 리더는 본인이 맡고 있는 포지션 파워와 말의 무게를 인식하고, 사용하는 단어에 대해 책임감을 가져야 한다. 특히 공식적인 회의나 피드백 미팅에서 나오는 언어는 구성원들에게 더욱 강한 영향력을 미치므로, 그 파급력을 항상 염두에 두고 말해야 한다.

리더의 비언어적 메시지

같은 팀원이었다가 팀장이 되는 순간 팀원들과 거리감을 느끼게 될 수 있다. 팀원일 때는 허물없이 지내며 함께 회사나 팀장의 비방을 하던 동료가 팀장이 되어 회사를 대변하는 존재가 되었을 때 생기는 거리감은 어쩌면 당연하다. 이는 팀장이라는 역할이 주는 책임감과 권한의 변화에서 기인하며 새로운 역할 설정을 만들어가는 자연스러운 과정이다. 이 과정에서 팀장의 비언어적 메시지는 때로는 리더십을 발휘하기 어렵게 만들기도, 팀장의 공식 업무 활동을 지원하는 든든한 지원군이 되기도 한다.

팀장의 비언어적 메시지는 단순한 언어를 넘어 신체 언어, 표정, 목소리 톤, 상황적 맥락을 포함하는 고맥락적인 소통이다. 이는 팀원의 사기와 신뢰도에 큰 영향을 미친다. 이러한 비언어적 메시지는 공식적인 언어만큼이나 중요한 의미를 가지며, 팀의 분위기를 형성하고 유지하는 데 중요한 역할을 한다. 예를 들어 회의 중 팀장이 프로젝트 진행 상황에 대해 설명하는 과정에서 불만 섞인 표정으로 시계를 자주 쳐다본다고 가정해 보자. 팀장은 단지 회의 시간이 길어져 빨리 끝내고 싶다는 생각일 수 있지만, 팀원은 팀장이 우리 의견을 중요하게 여기지 않는다는 메시지로 받아들일 수 있다. 팀원들은 자신의 의견이 무시되었다고 느끼고, 사기가 저하

될 수 있다.

따라서 팀장은 자신의 비언어적 메시지를 의식적으로 관리할 필요가 있다. 먼저 일관성 유지가 중요하다. 말로는 긍정적인 피드백을 주면서 표정이나 몸짓으로는 불만을 드러낸다면 팀원들은 혼란을 느끼고, 팀장의 진심을 의심하게 된다. 언어적 메시지와 비언어적 메시지가 일치할 때, 비로소 신뢰와 존중이 쌓이는 법이다. 또한 팀원들과 눈을 맞추고 경청 자세를 유지하는 것도 비언어적 메시지를 관리하는 방법이 될 수 있다. 팀원들이 발언을 할 때 관심을 기울이고 있다는 비언어적 신호를 보내면, 팀원들은 자신이 존중받고 있다는 느낌을 받는다. 그리고 목소리의 크기나 톤 역시 팀장의 감정과 의도를 전달하는 데 중요한 역할을 한다. 팀원들이 문제를 말할 때 차분하고 신중한 톤을 사용하면 팀원들은 그 상황을 진지하게 받아들이며, 긴장을 풀 수 있는 유머가 섞인 톤의 말은 보다 친밀한 분위기를 조성할 수 있다.

구성원이 주목하는 리더의 메시지

"왕관을 쓰려는 자 그 무게를 견뎌라"는 말처럼 리더가 된다는 것은 말의 무게와 책임을 함께 지는 것이다. 리더의 말은 단순한 의견을 넘어서, 팀의 방향과 규범을 형성하는 중요한 힘을 가진다. 리더는 조직과 구성원을 잇는 디딤돌이자 연결점이므로, 리더의 말은 구성원에게 큰 영향을 미친다.

　리더의 언어에 대한 중요성은 아무리 강조해도 지나치지 않다. 언어와 비언어적 메시지를 효과적으로 활용하는 리더는 구성원에게 신뢰를 줄 뿐만 아니라 팀의 성장을 이끄는 중요한 역할을 한다. 모든 구성원은 리더의 말에 주목하고 있음을 기억하고, 소통의 힘을 잘 활용하는 리더가 되기를 기대한다.

직접 성과를 높이는
정적 강화 피드백

강화 피드백

"인간의 행동은 뒤따른 결과에 의존한다. 결과의 조건을 바꾸면 행동을 바꿀 수 있다."

-스키너

결과를 관리하는 리더 vs 행동을 관리하는 리더

IT 시스템을 구축하는 IT 회사에 두 명의 사업팀장이 있다. 매달 팀별 매출 성과가 발표될 때마다 기대에 미치지 못한 성과로 고민

나는 어떤 리더인가요?

이 많다. A팀장은 팀원들을 모아 이렇게 말했다.

"이번 달 매출이 왜 이래? 이러다 최하위 팀 될 것 같은데. 옆 팀은 매출이 올랐다는데, 다들 정신 차리고 매출 좀 올리자."

반면 B팀장은 이렇게 말했다.

"고객에게 IT 솔루션 제안할 때 추가적으로 시스템 구축 이후 유지 보수 서비스도 함께 추천하기로 했던 것 기억하지? 그런데 보니까 모두가 이 행동을 매번 하지 않더라. 그래도 처음보다 많이 개선되긴 했으니, 이번 달에는 더욱 신경 써서 모든 고객에게 유지 보수 서비스를 제안해 보자."

두 팀장의 차이는 무엇일까? 아마 B팀장의 팀이 더 나은 성과를 낼 것이다. 그 이유는 B팀장이 결과가 아닌 행동을 관리했기 때문이다. 단순히 매출 목표만을 강조한 것이 아니라, 성과로 이어지는 구체적인 행동을 강조하고 피드백했기 때문에 팀원들의 행동에 긍정적인 변화가 생겼을 것이다. 팀의 변화를 위해 리더는 성과만을 강

조하는 것이 아니라, 성과를 내는 구체적인 행동을 찾아 강화해야
한다.

정적 강화와 부적 강화

사람은 긍정적 결과를 얻기 위해 특정 행동을 반복하고, 부정적
결과를 피하기 위해 행동을 변화시킨다. 이를 정적 강화와 부적 강
화라고 한다. 예를 들어, 팀원이 고객에게 추가 서비스를 추천할 때
마다 피드백을 주고, 이를 팀 회의에서 공개적으로 칭찬하면 그 행
동이 강화된다. 반대로, 그 행동을 하지 않는 팀원에게 회의 시간에
지적만 한다면, 그 행동은 점점 줄어들 것이다. 이는 부적 강화의 예
다. 우리는 정적 강화를 통해 팀원들이 성과에 직결되는 행동을 반
복하도록 유도할 수 있다.

성과에 직결되는 핵심 행동 찾기

리더로서 중요한 것은 팀 성과에 직접적으로 영향을 미치는 핵
심 행동Pinpointing을 찾아내는 것이다. 예를 들어 영업 사원이 하는

일이 여러 가지 있을 수 있다. 신규 고객에게 콜드콜을 하거나, 고객을 방문해 제품을 소개하거나, 사업 계획서를 작성하고, 시장 분석 보고서를 제출하는 등의 일이 있을 것이다. 하지만 팀의 매출을 향상시키기 위해 직접적으로 필요한 행동은 콜드콜과 고객 방문에서 제품을 소개하는 일일 것이다. 이러한 핵심 행동을 식별하는 것이 성과를 내기 위한 첫 번째 단계다. 고성과자들의 행동을 분석하고, 그 행동이 성과에 어떤 영향을 미치는지 파악해보자. 그런 다음 팀원들이 이러한 핵심 행동을 반복할 수 있도록 강화해야 한다.

즉각적이며 구체적인 피드백

핵심 행동을 강화하기 위해 가장 중요한 것은 즉각적이고 구체적인 피드백이다. 피드백은 행동 직후에 빠르게 이루어질수록 효과가 크다. 피드백의 대상은 사람이 아닌 행동에 맞춰야 한다. 예를 들어, "이번 고객 방문에서 유지 보수 서비스를 제안한 덕분에 매출이 올랐어. 앞으로도 이렇게 해줘"라는 구체적인 피드백이 효과적이다. 만약 팀원이 "제가 뭘 잘했는지 모르겠어요. 그냥 운이 좋았던 것 같아요"라고 답한다면, 피드백이 명확하지 않았다는 의미일 수 있다.

또한, 사회적 강화와 물질적 강화를 함께 제공할 때 더욱 효과적이다. 예를 들어, 팀원이 목표한 콜드콜 횟수를 달성했을 때 팀 회의에서 그를 칭찬하고, 작은 보상이나 선물을 함께 제공할 수 있다. 이처럼 의미 있는 보상을 통해 팀원들의 행동을 정적 강화할 수 있다. 다만, 현금 보상은 일회성일 가능성이 크므로, 주는 사람과 받는 사람 모두에게 의미 있는 방식으로 보상 체계를 설계하는 것이 좋다.

성과를 높이기 위한 행동 강화

팀 성과를 높이기 위해 팀원의 행동을 변화시키는 것은 쉽지 않다. 그러나 핵심 행동을 찾고, 이를 강화하는 피드백을 통해 팀의 성과를 향상시키는 것은 충분히 가능하다. 팀의 성장을 위해 어떤 행동을 강화할지 고민해 보고, 창의적이고 독창적인 방법으로 팀원들을 격려해 보자. 팀원들의 행동이 조금씩 바뀌다 보면, 어느 순간 팀의 성과와 목표가 눈앞에 성큼 다가와 있을 것이다.

팀장-팀원 교환 관계가 아니라 이제는 얼라인먼트

Leader-Member-Alignment

리더와 구성원의 관계가 좋을수록 성과가 높다?

오랫동안 리더십의 영향력을 설명하는 중요한 이론 중 하나는 리더-구성원 교환 관계LMX, Leader-Member Exchange 이론이다. 이 이론은 리더와 구성원 간의 관계 질이 조직 내에서 구성원의 행동에 어떻게 영향을 미치는지를 설명한다. 즉, 리더와 구성원이 서로 신뢰하고 좋은 관계를 유지할수록, 리더는 구성원을 더 잘 챙기고 더 많은 기회를 제공하며, 구성원은 이에 보답하기 위해 조직에 도움이 되는 행동을 하게 된다는 것이다. 연구 결과, LMX 수준이 높아질수록 조직 몰입도는 상승하고 이직 의도는 감소하며, 혁신 행동과 같은 창의적 행동이 증가한다는 것을 알 수 있다.

리더-구성원 교환 관계^{LMX}에서
리더-구성원 얼라인먼트^{Alignment}로

하지만 LMX 이론은 리더십을 관계 중심으로만 바라본다는 한계가 있다. 특히, 교환 관계에서 상황적 변수들이 충분히 고려되지 못했다는 점과 더불어, 최근에는 리더와 구성원이 단순히 좋은 관계를 넘어서 같은 목표와 가치를 공유하는 것이 더욱 중요하다는 주장이 힘을 얻고 있다. 이로 인해 리더-구성원 얼라인먼트^{Leader-Member Alignment} 개념이 부각되고 있다. 얼라인먼트는 리더와 구성원이 업무 목표와 가치, 방향성에 있어 같은 선상에 있는지 여부를 의미한다. 글로벌 컨설팅 회사인 LSA Global의 연구에 따르면, 얼라인먼트가 잘 이루어진 조직은 그렇지 않은 조직에 비해 수익률이 72% 더 높고, 매출이 58% 더 빠르게 성장한다고 한다. 그렇다면 리더와 구성원 간의 얼라인먼트는 무엇을 의미하는지 더 구체적으로 살펴보자.

1. 리더의 목표와 방향성에 대한 얼라인먼트

조직도에 속한 각 팀은 나름의 목표와 미션을 가지고 있으며, 그 목적에 따라 평가받는다. 미션은 조직이 존재하는 이유이자 본질을 나타내며, 비전은 그 조직이 지향하는 도착점이다. 팀장과 구성원의 얼라인먼트가 잘 이루어진다는 것은, 리더와 구성원이 이 같은 미션과 비전에 대해 같은 그림을 그리며, 동일한 방향성을 지향하고 있다는 것을 의미한다. 즉, 팀이 나아가야 할 방향과 성과에 대해 서로 공유된 목표가 있는지에 따라 조직의 성공 여부가 달라질 수 있다. 비전이 서로 맞지 않다면, 팀원 각자가 열심히 일하더라도 원하는 성과를 내기는 어렵다.

2. 실행 방식과 업무 방식에 대한 얼라인먼트

리더와 구성원 간의 실행 방식과 업무 방식에서의 얼라인먼트는, 업무를 어떻게 실행하고 주도권을 어떻게 설정하는지가 일치하는지를 의미한다. 리더가 구성원에게 자율성을 부여하고, 구성원이 주도적으로 업무를 진행할 수 있도록 임파워먼트가 명확히 설정되어 있는지, 그리고 그에 따른 책임과 권한이 분명히 정의되어 있는지가 중요하다. 리더가 구성원에게 충분한 자율성을 부여하면, 구성원은 업무에 대한 주도성과 책임감을 가지고 더 능동적으로 일할 수 있다. 그러나 주도권 설정이 불명확하거나 혼란이 생기면, 업무 진행에서 비효율이 발생할 수 있다. 이와 더불어, 의사소통 방식에 대한 명확한 합의도 필요하다. 리더와 구성원이 업무를 추진하는 과정에서 소통의 빈도와 방식이 일치하면, 문제 해결과 피드백이 빠르고 정확하게 이루어져 업무의 효율성을 높일 수 있다. 소통 방식이 명확하지 않으면, 리더의 의도와 구성원의 기대가 어긋날 수 있고, 자율성을 중시하는 환경에서도 오히려 혼란을 초래할 수 있다. 따라서 리더와 구성원 간의 업무 실행 과정에서 자율성 부여와 소통 방식의 얼라인먼트가 이루어졌는지 확인하는 것이 중요하다.

3. 업무 가치 및 의미에 대한 얼라인먼트

업무 가치 및 의미에 대한 얼라인먼트는 리더와 구성원이 업무에서 추구하는 본질적 가치와 일의 의미에 대해 같은 관점을 공유하는지를 평가하는 요소다. 구성원이 업무를 통해 무엇을 가장 중시하는지, 예를 들어 고객 만족을 우선시하는지, 혁신을 중시하는지, 또는 성과 지표 달성을 최우선 과제로 삼는지에 대한 리더와 구성원의 생각이 일치하는가가 중요하다. 업무 가치가 일치하면, 팀 전체가 동일한 기준으로 의사 결정을 내리며, 그 결과 성과가 더 높아질 수 있다. 또한, 리더와 구성원이 각자가 하는 일이 조직과 사회에 어떤 의미를 가지는지에 대한 공통된 이해를 가지고 있는지도 중요한 요소다. 업무가 개인과 조직에 주는 의미를 공유하고, 팀의 역할이 조직의 큰 그림에서 어떤 변화를 만들어 가는지를 인식할 때, 팀원들의 몰입도는 더욱 높아진다. 리더와 구성원이 업무의 가치를 공유하고 그 일에서 느끼는 의미를 함께 공감할 때, 팀은 더 나은 성과와 조직 몰입을 끌어낼 수 있다.

내게 가장 기억에 남는 리더의 모습은?

한 번쯤은 인생에서 가장 기억에 남거나 존경하는 리더를 떠올려 보자. 그 리더는 단순히 인간적으로 가까운 사람이 아니라, 그가 지향했던 가치와 방향성, 그리고 업무를 추진하는 방식에서 신뢰와 존경을 얻은 사람일 것이다. 이는 그 리더와의 얼라인먼트가 충분히 이루어졌기 때문일 가능성이 크다. 지금 당신의 팀과 팀원은 얼마나 얼라인먼트가 되어 있는가? 얼라인먼트가 잘 맞지 않는 부분이 있다면, 그것이 중요한 영역이라면 조정하거나 합의를 끌어낼 필요가 있다. 때로는 리더의 권위를 활용해 요청할 수도 있겠지만, 상대적으로 중요도가 낮은 부분은 팀원에게 맞춰보는 배려도 필요할 것이다. 리더와 팀, 그리고 팀원 간의 얼라인먼트는 조직의 성공에 필수적이다. 지금 우리 팀은 충분히 얼라인먼트되어 있는가?

인센티브의 재발견: 성과급보다 더 좋은것?

내재적 보상

성과급보다 중요한 게 있다고?

〈상식 밖의 경제학 Predictably Irrational〉의 저자이자 행동경제학자인 댄 애리얼리 교수는 이스라엘 인텔 반도체 공장에서 흥미로운 실험을 진행했다. 이 공장은 4일 교대 근무제를 시행하며, 복귀 후 첫날의 생산성을 어떻게 높일 수 있을지 고민하던 차에 직원들의 동기부여 방식을 실험하게 되었다. 애리얼리 교수는 207명의 직원을 세 그룹으로 나누어 각기 다른 방식의 동기 부여 메시지를 전달했다.

첫째 그룹에는 "생산 실적이 우수하면 30달러의 현금을 지급하겠다"는 이메일을 보냈고, 둘째 그룹은 "생산 실적이 좋으면 피자 쿠폰을 드린다"는 이메일을 보냈다. 셋째 그룹에는 "생산 실적이 우수하면 직속 상사로부터 칭찬 메시지를 받을 것"이라는 이메일을 보냈다. 경영진과 애리얼리 교수는 현금을 받은 그룹이 가장 높은 생산성을 보일 것이라 예상했으나, 결과는 예상과 달랐다.

피자를 받은 두 번째 그룹의 생산성은 6.7%로 가장 높았고, 칭찬을 받은 세 번째 그룹의 생산성은 6.6%로 비슷한 수준이었다. 반면, 30달러 현금을 받은 첫 번째 그룹의 생산성은 4.9%로 상대적으로 낮았다. 여기까지의 결과만 놓고 보면 현금이나 피자 보상이 효과가 있다고 판단할 수 있었겠지만, 시간이 지나면서 더 흥미로운 결과가 나타났다.

실험 후 5주 동안 계속해서 직원들의 생산성을 관찰한 결과, 현금을 받은 첫 번째 그룹은 이후 13.2%나 생산성이 급격히 감소했다. 피자를 받은 두 번째 그룹 역시 5.7%의 생산성 감소를 보였다. 반면, 칭찬을 받은 세 번째 그룹은 5주간 꾸준히 높은 생산성을 유지했다. 이 결과는 외적 보상이 단기적인 효과만을 가져오는 반면, 내적 보상은 장기적인 동기 부여와 성과 유지에 더 효과적이라는 점을 시사한다.

외적 동기는 금전적 보상, 인센티브, 승진이나 평가와 같이 외부에서 제공되는 보상을 의미하며 즉각적인 동기 부여에는 큰 효과를 발휘할 수 있다. 그러나 시간이 지나면서 그 효과는 감소하는 경향이 있다. 내적 동기는 스스로의 성취감, 자율성, 인정받는 경험 등과 같이 개인의 내면에서 동기를 부여하는 요소들로 장기적으로 더 강력한 동기 부여와 성과 유지에 기여한다. 그렇다면 리더는 조직 구성원들의 장기적이고 지속적인 내적 동기를 부여하기 위해 무엇을 할 수 있을까?

내적 동기를 강화하는 몇 가지 Tip

1. 주도권과 자율성 부여(일하는 방식)

직원들에게 업무 수행 때 스스로 결정할 수 있는 권한을 부여하는 것은 큰 동기 부여가 된다. 예를 들어, 리더는 팀원들에게 업무 방식이나 근무 시간에 대한 자율성을 제공할 수 있다. 재택 근무나 유연한 근무 시간 활용을 지원하는 것은 직원들이 자신의 업무를 더욱 주도적으로 수행할 수 있도록 돕는다. 자율성은 직원들이 자신의 업무에 대한 통제력을 느끼게 하며, 이는 더 높은 동기 부여로 이어진다.

2. 다양한 성장 기회 제공

성장은 직장에서 가장 강력한 내적 보상 중 하나다. 직원들이 업무에서 성취감을 느끼고 스스로 성장할 수 있는 기회를 제공하는 것이 중요하다. 앞서 살펴본 직무 진단을 통해 우리 팀의 업무 특성을 파악했다면, 각 구성원의 성향을 세밀히 살펴볼 필요가 있다. 어떤 구성원은 적극적이고 진취적인 업무 경험을 원할 수 있고, 또 다른 구성원은 체계적이고 관리할 수 있는 업무를 선호할 수 있다. 리더는 이러한 각 구성원의 바람에 맞춰 적합한 업무를 연결해 주어야 하며, 장기적으로 그 구성원이 성장할 수 있는 기회를 마련해 주는 것이 중요하다.

메타(구 페이스북)는 프로젝트를 완수한 직원에게 한 달 동안 원하는 부서에서 근무할 기회를 제공하며, 제약사 릴리는 해외 지사 부서로 단기 파견 기회를 제공해 직원들에게 새로운 경험을 제공한다. 또한 구성원이 스스로 성장할 수 있도록 소규모 성공 경험small win을 지속적으로 쌓을 수 있게 지원하는 것이 중요하다. 구성원이 자신이 맡은 일을 통해 성취감을 느끼고, 이 경험이 반복된다면 동기 부여는 더욱 강화된다. 이를 통해 리더는 구성원의 장기적 성장을 지원할 수 있다.

3. 성취감 기회 제공

구성원에게 인정과 칭찬을 통한 성취감을 제공하는 것은 내적 보상에서 중요한 요소다. 개인의 의사가 반영된 업무나 프로젝트에서 성과를 낸 구성원에게는 적절한 인정과 칭찬이 필요하다. 예를 들어, 페덱스의 CEO는 우수한 성과를 낸 직원에게 직접 전화를 걸어 격려하며, 이는 직원에게 큰 성취감을 안겨준다. 또한, '최복동'이라는 말이 있다. 최고의 복지는 뛰어난 동료와 함께 일하는 것이다. 서로에게 긍정적인 피드백을 주고받고 성과를 나누는 환경에서 팀원들은 더 큰 만족감과 몰입을 느낄 수 있다. 이렇게 팀 내에서 서로의 노고를 인정하고 격려하는 문화를 조성하는 것이 중요하다.

외적 동기와 내적 동기의 균형

물론 성과급과 같은 외적 동기는 무시할 수 없는 중요한 동기 부여 요인이다. 외적 동기는 즉각적이고 가시적인 성과 향상에 기여할 수 있으며, 금전적 보상이나 승진, 평가 같은 인사 제도와 연계될 때 더욱 효과적일 수 있다. 그러나 외적 보상은 장기적인 효과를 보장하지 않으며, 내적 동기와 병행하여 제공될 때 비로소 그 효과를 극대화할 수 있다.

따라서 리더는 구성원들에게 내적 동기를 강화할 수 있는 기회를 제공하고, 이를 통해 구성원들이 자발적으로 성과를 내고 조직에 몰입할 수 있도록 도와야 한다. 내적 동기와 외적 보상의 균형을 맞추는 것이 조직의 장기적인 성장과 성공에 필수적이다.

취약성,
리더십의 새로운 출발점

리더의 취약성 공유

취약성을 공유할 때 생기는 일

당신은 지금 모임에서 잘 모르는 사람과 대화를 나누고 있다. 그때 상대방과 다음 두 종류의 질문을 나누는 상황을 상상해보자.

| A type 질문 |

• 유명해지고 싶으신가요? 그렇다면 어떤 방식으로 유명해지고 싶나요?

- 내일 아침 깨어났을 때, 어떤 능력이라도 얻을 수 있다면 무엇을 선택하시겠어요?
- 당신의 어린 시절 중 바꾸고 싶은 것이 있다면 무엇인가요?
- 90세가 되었을 때, 30대의 몸이나 정신 중 하나를 선택할 수 있다면 무엇을 선택하시겠나요? 그 이유는?

| B type 질문 |
- 당신의 인생에서 가장 부끄러웠던 순간을 공유해줄 수 있나요?
- 당신의 최근 고민 중 농담으로는 하기 힘든 너무 심각한 주제가 있나요?
- 오늘밤 세상을 떠나게 된다면 누군가에게 말하지 못해서 후회할 것 같은 말이 있나요? 왜 그 말을 하지 못했나요?
- 마지막으로 다른 사람 앞에서 울었던 적은 언제인가요? 그리고 혼자 울었던 적은 언제인가요?
- 당신의 가족 중에서 누구의 죽음이 가장 괴로울 것 같나요? 그 이유는 무엇인가요?

※ 심리학자 아서 애론(Arthur Aron)과 그의 팀이 개발한 질문지로 총 36개의 질문으로 구성

A 타입과 B 타입의 질문은 어떻게 다를까? 잘 모르는 사람에게 A

타입의 질문을 받았을 때, 여러분은 어렵지 않게 답할 수 있을 것이다. 하지만 B 타입의 질문은 다르다. '나의 부끄러웠던 순간'이라는 단어를 들은 순간 불안해질 수 있다. 얼굴이 빨개지며 안절부절못하거나 민망함에 웃어버릴 수도 있다. 개인적으로 내밀한 속마음이나 마음 속 깊이 묻어둔 이야기를 친하지도 않은 사람에게 하기란 쉬운일이 아니기 때문이다.

이 두 가지의 질문의 차이점은 B 타입의 질문을 통해 당신과 상대방이 서로를 더 가깝게 느끼게 된다는 점이다. 실제로 B 타입의 질문을 한 경우가 A 타입 질문을 한 경우보다 친밀감이 훨씬 높았고, 심지어 한 커플은 이 실험을 계기로 결혼에 골인했을 정도였다. A 타입의 질문은 서로를 안전지대에 머무르도록 하지만, B 타입의 질문은 불편하지만 진솔한 고백을 이끌면서 관계의 장벽을 허물고 서로를 이어준다. A 타입의 질문이 정보를 생산한다면, B 타입의 질문은 더욱 강력한 무언가를 유발하는데, 그것이 바로 취약성이다.

취약성은 신뢰와 친밀감을 전염시킨다

노스이스턴대학의 데이비드 디스테노David Desteno 교수는 취약성 공유가 신뢰와 친밀감을 촉발시켜 다른 구성원들에게 전이되는 효과가 있다고 말한다.

"한번 쌓인 신뢰는 쉽게 변하지 않는다고 생각하기 마련입니다. 하지만 매순간 우리의 뇌는 주변 환경을 추적하고, 주변 사람들을 믿고 그들과 유대 관계를 맺을 수 있는지를 끊임없이 계산합니다. 신뢰란 맥락이라는 관점에서 이해해야 합니다. 그것은 자신이 취약하고 다른 사람이 필요하고, 혼자서는 해낼 수 없다는 인식에서 비롯됩니다."

혼자의 한계를 인정하고, 집단을 통해 노력을 더 큰 성과로 연결시킬 수 있다는 사실을 정확히 인식하는 것이다. 전달하고자 하는 신호는 늘 같았다.

"여기에 당신의 역할이 준비되어 있어요. 당신이 필요해요."

"훌륭한 팀일수록 극한의 과제들을 힘을 모아 함께 수행하려는 경향이 높습니다. 그 이유가 바로 여기에 있습니다."

디스테노가 말했다.

"취약함이 지속적으로 공유되면서, 구성원들은 정서적으로 충만해지고 서로에 대한 신뢰가 높아지며 더욱 가까워집니다. 끈끈하게 이어지기에 거대한 위험도 감당할 수 있습니다. 그들은 스스로를 토대로 삼는 것이죠."

리더의 취약성은 어떻게 공유할 수 있는가

최근 '팀장의 취약성 공유'에 대한 관심이 증가하고 있다. 팀장과 구성원 간에는 권한과 지위의 차이로 인해 자연스럽게 거리감이 생길 수밖에 없는 관계이다. 팀장이 되기 전에는 동료들과 조직에 대해 속마음을 털어놓고 함께 고민하던 관계였지만, 팀장이 된 후에는 그 권한과 책임으로 인해 이들 사이에 심리적 벽이 형성될 수 있다. 그러나 이 거리감은 팀장이 자신의 취약성을 솔직하게 드러내는 순간 줄어들기 시작한다. 팀장이 자신의 인간적인 면모를 공유할 때 팀원들은 리더와 더 큰 공감대를 형성하며 심리적 안전감을 느끼고, 리더를 단순한 권위자가 아닌 동료로 느낀다. 취약성을 공유하는 행위는 팀장과 팀원 간의 연결 고리가 되어 관계를 더욱 강화시킨다.

이와 같은 취약성 공유가 리더십에서 효과적인 이유를 탐구한 연구들이 있다. 텍사스대학교의 콘스탄티노스 쿠티파리스 교수와 펜실베이니아대학교 와튼스쿨의 애덤 그랜트 교수는 2022년 연구에서 '리더가 자신의 약점이나 상사에게 받은 피드백을 팀원들과 솔직히 나누는 것이 팀 내 심리적 안전감을 증진시키는 중요한 요소'임을 밝혔다. 이 연구는 설문 조사, 실험, 인터뷰 등 다각적 접근을 통해 리더의 자기 공개가 팀 내 신뢰와 개방적 분위기를 조성하는 데 효과적이라는 사실을 검증했다.

리더의 취약성 공유는 처음에는 어색할 수 있지만, 시간이 지남에 따라 팀원들이 리더에게 공감하게 되면서 '나도 취약할 수 있다'는 심리적 안정감을 형성할 수 있다. 결과적으로 팀원들은 리더에게 더 자유롭게 의견을 표현하는 데 익숙해진다.

예를 들어, 페이스북의 캐롤린 애버슨은 메타의 마케팅 부사장으로 일할 당시, 자신이 상사로부터 받은 성과 피드백을 팀원들과 솔직하게 나누었다. 마이크로소프트의 브래드 스미스는 인튜이트 CEO 재직 때 자신의 다면 평가 결과를 회사 내 모든 구성원이 볼 수 있도록 사무실 벽에 공개한 사례도 있다. 이러한 리더들의 행동은 자신들의 취약성을 팀원들과 공유하면서 신뢰와 동료애를 형성하는 좋은 사례로 꼽힌다.

한편, 앞서 언급한 연구에서는 리더가 구성원들에게 피드백을 요청하는 것이 반드시 심리적 안전감 형성에 효과적인 것은 아니라는 점을 밝혀냈다. 리더가 피드백을 요청하는 것은 겸손하고 개방적인 태도를 나타내는 좋은 방법이지만, 팀원들이 피드백을 제공한 후 리더가 이를 방어적으로 받아들이거나 수용하지 못할 경우, 팀원들은 실망하고 더 이상 솔직한 피드백을 주지 않게 되는 역효과를 초래할 수 있다. 따라서 리더의 취약성 공개는 직원들과의 공감과 진정성에 기반해야 하며, 리더가 자신이 개선해야 할 점에 대해 솔직하게 이야기하는 것이 필수적이다.

취약성 공유는 자연스럽지 않을 수 있지만, 이러한 행동이 팀의 문화를 변화시키고 리더와 팀원 간의 관계를 더욱 강하게 만드는 중요한 시작점이 될 수 있다. 물론, 리더가 자신의 피드백을 팀원들과 공유하기 위해서는 상당한 용기가 필요하며, 이를 진정성 있게 수행하려면 성숙한 자기 인식과 변화에 대한 강력한 의지가 필수적이다.

전문가 인터뷰

백종화 대표, 그로플, 〈요즘 팀장은 이렇게 일합니다〉〈원온원〉 저자

Q 간단한 소개를 부탁드립니다.

안녕하세요. '조직과 개인의 성장을 돕는 그로플 백종화 코치'입니다. 약 18년간 직장 생활을 통해 조직의 성공을 위해 일했고, 현재는 '그로플'이라는 이름으로 대기업과 스타트업의 리더들의 성장과 성공을 돕는 코치이자 리더십 강사로 활동하고 있습니다. 〈원온원〉, 〈요즘 팀장은 이렇게 일합니다〉, 〈평가보다 피드백〉 등 총 6권의 리더십 서적을 출간한 작가이기도 합니다.

Q 조직의 변화와 성장이라는 관점에서 리더에게 가장 중요한 점은 무엇이라 생각하시나요?

크게 두 가지로 말씀드리고 싶습니다.

첫 번째는 변화의 방향이 조직의 목표와 일치해야 한다는 점입니다. 조직 내 각 부서는 회사의 목표와 얼라인되어 있으며, 그 부서의 구성원 개개인의 과업과도 일관성이 필요합니다. 예를 들어, A라는 기업은 안정적인 제품과 서비스를 보유한 덕분에 오랫동안

국내 시장 1위를 차지해 왔고, 구성원들은 가족처럼 긴밀한 조직 문화를 공유해 왔습니다. 그러나 외부 환경이 급변하며, 경쟁사들이 거대한 투자를 받아 빠르게 성장하기 시작했습니다. 이에 따라 A사는 기존의 안정적 성장 대신 빠른 성장을 목표로 피벗할 수밖에 없었고, 자연스럽게 조직과 리더의 역할 또한 변화를 요구받게 되었습니다.

초기에는 리더들이 변화의 진통을 겪으며 구성원 한 명 한 명과 직접 소통하고 피드백을 전달하는 과정이 필요했습니다. 이들은 구체적인 목표와 의도를 지속적으로 설명하고 설득하며 조직의 방향성을 구성원들과 함께 만들어갔습니다. 결과적으로, 생존과 성장을 위해서라도 기업의 변화 방향이 조직 내 목표 및 구성원들의 커리어와 맞물리게 하는 것이 중요하며, 이를 연결하는 것이야말로 코칭형 리더의 역량이라 할 수 있습니다.

두 번째는 새로운 지식과 경험을 구성원들과 함께 학습하는 것입니다. 그런데 리더와 조직 구성원들의 지식과 경험에 변화가 없다면 새로운 관점을 가질 수 없다는 것을 많이 놓치고는 합니다. 변화란 곧 일하는 방식의 변화이며, 그 과정에서 필요한 스킬, 툴, 업무 프로세스가 달라질 수밖에 없습니다. 그러나 리더와 구성원들이 과거의 지식과 경험에 머물러 있다면 변화의 속도에 맞춘 새로운 관점을 갖기 어렵습니다. 요즘의 변화에 성공하는 리더들은 피드백

코칭을 더 잘하기 위해 관련 자료와 아티클을 함께 읽고, 정기적으로 코칭을 받으며 피드백 능력을 확장해 갑니다. 이러한 학습 과정을 통해 구성원들이 리더의 성장을 인지하며 리더십을 신뢰하게 됩니다.

변화를 위해서는 일상에서 학습하고, 회사 안을 살피는 것 만큼 회사 밖의 지식과 경험을 학습하는 것이 필요합니다. 이전과는 다른 지식을 얻었을 때 우리 조직의 일하는 방식에도 변화를 줄 수 있다는 것이죠.

Q 기억에 남는 성공 사례와 실패 사례가 있으신가요?

성공 사례: 도전적인 목표를 통해 성장을 만들어낸 사례

한 중견 기업에 새로운 CEO가 부임한 이후, 전 직원과의 대화를 통해 회사의 방향성을 재정립하게 되었습니다. 그 과정에서 이전에는 경험하지 못했던 도전적인 목표를 설정하고, CEO는 구성원 모두에게 "도전하고, 실패해도 괜찮다"는 메시지와 "우리가 하는 일은 사회의 가장 취약한 사람들에게 기회를 제공하는 일이다"라는 방향성을 공유했습니다.

리더들은 이제 구성원들의 성장을 위해 시간을 투자하고, 성장 과정에서의 코칭 역할을 부여받게 되었습니다. 과거에는 성과만을 기준으로 리더가 평가받았다면, 이제는 구성원의 성장을 돕는 리더가 좋은 리더로 평가받는 문화로 변화했습니다. 이처럼 CEO가 전 직원과 대화하며 만들어 간 새로운 방향성 덕분에 수년간 정체되어 있던 매출이 2년 만에 3,400억 원으로 성장하는 성과를 거두었습니다.

실패 사례: 잘못된 리더를 세우며 실패를 경험한 사례

수평적 조직 문화를 지향하던 스타트업에 수직적 의사 결정을 중시하는 경영진이 영입되며, 조직의 역동성이 위협받게 되었습니다. 해당 리더는 수익 개선과 기업가치 상승을 목표로 상장을 준비하려 했지만, 조직의 방향성을 구성원과 함께 찾아가는 대신 본인의 방법으로만 문제를 해결하려 했습니다.

리더가 독단적인 방식으로 모든 결정을 내리자 구성원들은 의견을 자유롭게 표현할 기회를 잃었고, 경영진의 컨펌 없이는 업무 진행이 어려운 구조가 되었습니다. 결국 핵심 인재들이 빠르게 이탈하며 6개월도 안 되어 조직의 A급 인재 중 60%가 회사를 떠났고, 기업은 비즈니스 회복에 3년이 걸렸습니다.

이 사례들은 변화의 과정에서 리더의 역할을 더욱 고민하게 합니다. 과거에는 한 명의 리더가 전권을 행사하며 조직을 이끌었다면, 지금은 구성원들의 지식을 반영하여 함께 변화를 모색해야 하는 시대입니다. 빠르게 변화하는 시장과 기술의 발전 속에서, 조직의 생존과 성장을 위해 리더 혼자가 아닌 구성원과 함께하는 방식이 더욱 중요해지고 있습니다.

결과적으로, 조직의 변화는 생존을 위한 필수가 되었고, 기업의 변화 방향성과 얼라인되어야 합니다. 이러한 변화가 구성원들의 과업과 커리어에 긍정적인 영향을 줄 수 있도록 연결하는 것이 코치형 리더의 필수 역량이 되어가고 있습니다.

PART

3

조직 역동:
구성원을
변화의
주체로
만드는 방법

Working together works well, with PlanB

플랜비디자인은 조직개발 및 인적자원개발 컨설팅을 제공할 뿐 아니라, HR전문 도서를 출판하고 있습니다. 개인과 조직이 함께 성장하고 더불어 살아갈 수 있는 조직을 디자인합니다. 모든 고객이 플랜비와 함께하는 과정에서 성장을 경험할 수 있도록 돕습니다.

조직의 문제는 언제나 급하고 복잡해 보입니다. 우리는 단순히 현상을 수습하기에 앞서 유기적인 시스템 안에서의 근원적인 문제가 무엇인지 치열하게 고민합니다. 당장의 급한 일들로 인해 놓쳐버린 진짜 문제를 찾고 지속 가능한 변화를 디자인합니다.

1. 컨설팅

플랜비디자인의 일은 고객과 고객사의 임직원의 입장을 깊게 공감하는 것에서부터 시작합니다. 진정으로 개인과 조직을 성장시키기 위해 꼭 필요한 질문을 시작으로 각 고객사의 조직 경험을 디자인합니다.

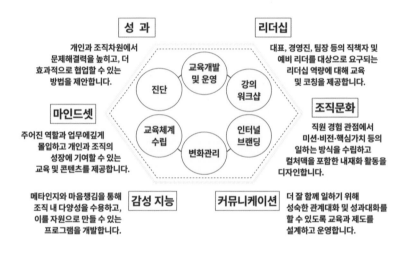

성 과
개인과 조직차원에서 문제해결력을 높이고, 더 효과적으로 협업할 수 있는 방법을 제안합니다.

리더십
대표, 경영진, 팀장 등의 직책자 및 예비 리더를 대상으로 요구되는 리더십 역량에 대해 교육 및 코칭을 제공합니다.

마인드셋
주어진 역할과 업무에깊게 몰입하고 개인과 조직의 성장에 기여할 수 있는 교육 및 콘텐츠를 제공합니다.

조직문화
직원 경험 관점에서 미션·비전·핵심가치 등의 일하는 방식을 수립하고 컬처덱을 포함한 내재화 활동을 디자인합니다.

감성 지능
메타인지와 마음챙김을 통해 조직 내 다양성을 수용하고, 이를 자원으로 만들 수 있는 프로그램을 개발합니다.

커뮤니케이션
더 잘 함께 일하기 위해 성숙한 관계대화 및 성과대화를 할 수 있도록 교육과 제도를 설계하고 운영합니다.

(도형 내부 텍스트: 교육개발 및 운영, 진단, 강의 워크샵, 교육체계 수립, 인터널 브랜딩, 변화관리)

2. HR 전문 도서 출판

다수의 HR전문가들과 함께 협업하며, 새로운 인사이트를 발굴하고, 출판합니다.
조직에서 도서를 더 잘 활용할 수 있게끔 다양한 활동을 지원합니다.

저자 및 도서를 연계한 특강 및 워크샵	조직의 학습문화를 위한 독서모임 퍼실리테이션
사내 도서관 큐레이션	'나인팀'을 통한 HRD(er)의 도서 공동 집필 프로젝트

우리 팀은
안녕하신가요?

조직 건강성 진단

"팀장님, 현재 팀의 건강 상태는 어떻다고 생각하시나요?"

이 질문을 받는다면 대부분의 팀장님들은 "좋은 것 같은데요", "괜찮은 것 같습니다" 정도의 추상적인 답변만 할 가능성이 크다. 구체적으로 팀의 건강 상태를 설명하고 진단할 수 있는 팀장은 많지 않을 것이다. 하지만 만약 팀장님의 신체적 건강 상태에 대한 질문을 받는다면, 많은 분들이 보다 구체적인 답변을 내놓을 것이다. 그 이유는 대부분 정기적인 건강검진을 받거나 인바디 검사를 통해 자신의 상태를 꾸준히 확인하기 때문이다.

팀도 마찬가지로 진단을 받는다. 대기업의 경우, 매년 조직 진단이나 조직 문화 진단을 실시한다. 그러나 이러한 진단이 실질적으로 팀에 도움이 되는 경우는 드물다. 오히려 부정적인 결과가 더 많다고 할 수 있다. 팀장에게 조직 진단은 불편하고 부담스러운 과정으로 느껴지기 쉽다.

팀장에게는 불편한 조직 진단

먼저 조직 진단이 리더로서의 개인 또는 리더의 업무(팀 관리) 결과에 대한 성적표로 받아들이는 경향이 있다. 이 때문에 조직 진단은 부담스럽고 불편하고 어려운 과정이 된다. 따라서 구성원들에게 압박을 넣는 경우도 많다. 필자의 지인에게 전해들은 사례로 업무 강도가 높은 컨설팅 조직의 진단 결과 일과 삶의 균형work and balance와 리더십(본부장급)에 대한 점수가 최하점이 나왔다. 그 후 본부장은 팀장을 모두 소집하여 "내가 언제 야근하라고 그랬어? 다들 워라벨이 그렇게 심각하다고 체크했다던데, 그럴 거면 다 때려치우고 집에 가"라며 온 사무실이 떠나갈 정도로 큰 호통을 쳤다. 그 이듬해, 전사 최하위 점수를 받았던 조직의 조직 진단 결과는 수직 상승했고, 전사 1위를 기록하는 기염을 토했다고 한다

또 다른 케이스로는 조직 진단이 연례 행사로 여겨지며 팀장의

마음에서 무너지는 경우이다. 낮은 성적표를 받은 신임 리더는 처음에는 불안해하며 혹시라도 인사상 불이익이 있을까 노심초사하지만 큰 문제가 없었다. 팀원의 리더십 평가나 조직 문화 진단에서 하위 수준을 기록했으나, 팀원을 압박하여 좋은 성과를 얻으니 상위 임원이 오히려 "팀원에게 욕먹으면서까지 목표를 달성한 개선 장군"처럼 칭찬한다. 그 결과 팀장은 결국 성과가 인격이라는 당장의 실적과 성과 앞에 우리 팀의 건강함 여부는 우선 순위에서 멀어진다. 두 가지 케이스 모두 건설적이지는 않다.

그러면 우리는 조직 진단을 어떻게 바라보면 좋을까? 먼저 조직 진단을 통해 리더로서 나를 돌아보고 팀과 함께 성장에 대한 주제를 논의할 수 있는 좋은 계기로 여기면 어떨까 한다. 특별한 계기 없이 팀과 성장에 대한 이야기를 나누기는 어렵다. 조직 진단을 구성원들과 팀에 대해 허심탄회한 대화를 나누는 좋은 기회로 만들면 좋겠다. 그리고 이 계기를 통해 구성원을 변화의 동반자로 끌어들이면 좋겠다.

의외로 많은 구성원들이 팀의 성장과 건강성에 대해 관심을 가지고 있다. 이는 본인의 업무 환경과 성과와 직결되기 때문이다. 또한 팀원이 매일 마주하는 실제적 문제에 대한 대화이기 때문에 그들의 관심이 높을 수밖에 없다. 가장 중요한 이해 당사자인 팀원들을 변화의 동반자로 끌어들이고, 그들이 주도적으로 참여할 수 있도록 해야 한다. 팀장은 팀원들과 함께 변화와 성장의 과정을 시작해야 한다.

팀 성장을 위한 핵심 아젠다 찾기

조직의 건강성을 진단하기 위해서는 팀의 구체적인 상황과 우선순위를 고려한 핵심 주제Agenda를 설정해야 한다. 최근에는 팀 단위의 성장 활동이 강조되면서, 팀의 건강성을 유지하고 성과를 창출하기 위한 다양한 활동들이 제안되고 있다. 특히 팀의 효과성(조직 몰입, 이직 감소 등)을 높이기 위해서, 팀의 특성과 현재 상황에 맞는 진단과 개선이 필요하다.

이를 위해 다음의 4가지 주요 영역에서 팀의 건강성을 점검해볼 수 있다.

1. 팀의 비전과 얼라인먼트

모든 팀은 조직 내에서 존재 이유가 있다. 팀의 성과 창출을 위한 비전과 목표가 명확히 제시되고, 팀원들이 그 비전에 얼라인Alignment되어 있는지 확인하는 것이 중요하다. 팀의 비전은 조직이 궁극적으로 달성하고자 하는 모습이며, 팀원들이 비전과 목표를 얼마나 잘 이해하고 공감하는지가 건강성의 핵심 지표가 될 수 있다.

비전이 명확히 정의되어 있을 때, 팀원들은 자신의 업무가 그 비전에 어떻게 기여하고 있는지를 명확히 인지할 수 있다. 이를 통해 팀 전체가 하나의 방향으로 나아갈 수 있으며, 성과를 극대화할 수 있다.

> **> 팀원들과 함께 나눌 질문 <**
>
> - **팀 비전 제시**: 당신은 다른 사람에게 우리 팀이 어떤 팀인지, 비전을 이루기 위한 목표와 계획이 무엇인지 설명할 수 있나요?
> - **비전 공감**: 당신은 팀의 방향과 목표에 어느 정도 공감하나요? 그리고 당신은 팀과 함께 성장할 구체적인 그림을 그리고 있나요?
> - **팀 방향 정렬**: 우리는 팀 내에서 각자의 책임을 다하고, 함께 일할 수 있는 팀의 분위기가 형성되어 있나요? 이를 위해 더 필요한 부분이 있다면 무엇이 있을까요?

2. 팀 커뮤니케이션Communication

소통은 팀이 원활하게 기능하기 위해 필요한 핵심 요소이다. 업무가 시작되고 끝나는 과정에서 발생하는 의사소통은, 팀의 성과와 건강성에 큰 영향을 미친다. 팀 내 공식적 소통과 비공식적 소통이 잘 이루어질 때 팀은 효과적인 협업을 할 수 있다.

공식 소통은 업무와 관련된 명확한 지시나 보고, 피드백 등을 포함하며, 비공식 소통은 팀원의 개인적 정서나 관계를 형성하는 데 중요한 역할을 한다. 리더와 구성원 간의 소통도 매우 중요한데, 이는 팀장과 팀원이 서로의 상황을 얼마나 잘 이해하고, 서로 신뢰하는지에 영향을 미친다. 팀 내 소통이 원활히 이루어지지 않으면, 업무 효율성과 협업 능력에 문제가 생길 수 있다.

> **팀원들과 함께 나눌 질문** <

- **팀장과의 소통**: 팀장의 소통 방식에서의 강점과 보완했으면 하는 점은 무엇이 있을까요?

  ※ 확인 영역: 팀원 입장 이해, 팀원 잠재력 인식, 팀원의 문제 해결을 위한 권한과 비용의 사용, 팀장의 의사 결정, 팀원의 효율적 업무 진행을 위한 지원 등

- **공식/비공식 소통**: 우리 팀의 공식적 소통(업무 회의, 목표 수립 및 평가 면담 등)과 비공식 소통(티타임, 회식 등)에서 우리 팀 소통의 강점은 무엇일까요? 또한 아쉬움이나 제안하고 싶은 점이 있다면 무엇일까요?

3. 협업 및 집단 지성 발휘

팀이 효과적으로 협업할 수 있는 환경을 만드는 것은 건강성의 또 다른 중요한 요소다. 협업은 단순히 친밀감을 넘어서, 팀 내에서 지식과 정보를 공유하고, 그 결과가 팀 전체의 역량으로 누적되는 것을 의미한다. 팀원들이 각자의 지식을 어떻게 공유하며, 이를 통해 팀이 집단 지성을 발휘하는지가 협업의 성패를 가른다.

또한 팀 내 학습 문화를 점검하여, 팀원들이 새로운 지식과 스킬을 습득하고 이를 실질적으로 업무에 적용하는 방식에 대한 논의도 필요하다. 학습이 지속적으로 이루어지고, 이를 통해 조직 역량이 강화되어야 한다.

> **> 팀원들과 함께 나눌 질문 <**
>
> - **지식 공유**: 우리 팀 안에서 업무에 필요한 정보 및 지식을 공유하는 수준은 어느 정도라고 생각하나요? 이를 위해 우리 팀에 더 필요한 점은 무엇이라 생각하나요?
> - **학습 문화**: 우리 팀은 업무나 프로젝트의 수행을 위해 필요한 지식과 스킬을 얼마나 자발적으로 습득하고 학습하고 있나요? 이를 위해 우리 팀에 더 필요한 점은 무엇이라 생각하나요?

4. 몰입과 성장의 토대 만들기

마지막으로, 팀의 건강성은 팀원들의 장기적인 몰입과 성장 가능성을 고려해야 한다. 팀원들이 커리어 경로를 명확히 설정하고, 이를 통해 장기적인 성장을 추구할 수 있는 환경을 제공해야 한다. 팀장은 구성원들이 새로운 업무에 도전하고 성장할 수 있는 기회를 제공하며, 지속적으로 그들을 성장시킬 수 있는 피드백과 지원을 해야 한다.

또한 정기적인 원온원 미팅과 목표 수립 면담을 통해, 팀원들이 자신의 목표와 성장을 논의할 수 있도록 장려해야 한다. 이를 통해 팀원들이 업무 성취감과 성장감을 느낄 수 있도록 돕는 것이 팀 건강성의 중요한 기반이 된다.

> 팀원들과 함께 나눌 질문 <

- **성장 촉진 요소**: 당신이 우리 팀에서 성장할 수 있는 동기 부여(환경/사람)를 받고 있는 요인은 무엇인가요?
- **성장 및 커리어**: 당신은 우리 팀에서 업무를 하는 과정에서 일에서 오는 성취감이나 성장감을 얼마나 누리고 있나요? 당신의 전문성이 강화되기 위해 팀장이나 팀에서 어떤 지원이 있으면 좋을 것 같은가요?

- **팀 추천 의향**: 당신은 우리 팀을 다른 사람에게 기꺼이 추천할 수 있나요? (추천하는 / 추천하지 않는) 가장 큰 이유가 무엇인가요?

변화 추진을 위한 두 가지 접근

이를 팀에 적용하기 위한 두가지의 접근 이 있다. 첫째는 HRD 부서와의 협업을 통해 단계별 변화 활동을 진행하는 것이다. 최근 진단, 분석 및 변화 계획 수립(워크숍), 변화 추진 활동의 프로세스를 통해 조직 개발을 지원하는 HRD 부서가 늘고 있다. 조직 차원에서 변화 관리 활동의 협업 기회가 있으면 망설이지 말고 잡아야 한다.

하지만 HRD 부서의 체계적 조직 개발 지원이 없다고 해도 실망할 필요는 없다. 조직 변화의 주체는 어느 경우에도 팀장과 구성원이다. 각 아젠다별로 위에 제공한 '팀원들과 함께 나눌 질문'에 대해 팀장이 먼저 본인의 답을 정리해 보라. 그리고 먼저 팀의 키맨을 찾아가 그들의 의견을 청취하라. 팀의 키맨은 파트장, 고직급 비보직자, 영향력이 강한 빅마우스 팀원 등이 있다. 이를 종합적으로 정리한 후, 팀 공식 모임에서 공유하라. 어떤 영역에서 변화가 필요한

지에 대한 의견을 충분히 공유하고, 변화를 위한 우선 순위 과제를 선정해 보자. 추진하는 과정은 필요성을 느끼는 구성원의 자발성이 포함되면 좋다.

조직의 변화는 리더의 정확한 진단과 문제 의식으로부터

"3년 된 신생 조직에서 리더 육성을 제대로 하려면 무엇부터 시작해야 할까요? 리더십 교육부터 해야겠죠?"

국내 굴지 대기업 계열사의 인사팀장인 A팀장의 질문이었다. 이 조직은 3년 전 전폭적인 지원을 받으며 그룹에서 분사했고, 독립 조직으로 그룹의 AI 분야를 선도하고, 기술 혁신과 난제 해결을 목표로 하는 특수한 미션을 수행하는 조직이었다. A팀장은 부임 이후 성과 중심의 성과관리 제도를 기반으로 인사 시스템과 평가, 보상 체계 개편을 마무리한 상태였으며, 그 다음 단계로 리더십 육성을 고민 중이었다. 구성원의 70% 이상이 석사 또는 박사 학위를 보유한 고학력자들이었고, 대부분 리더십이나 매니지먼트 경험이 없는 연구 또는 엔지니어 출신이었다. 따라서 이들에게 필요한 리더십 육성 방법을 모색하고 있었다.

그때 내가 A팀장에게 한 답변은 다음과 같았다. "가장 중요한 것은 리더 스스로가 자신의 조직을 진단할 수 있도록 도구와 방법을 지원하는 것입니다. 리더십 교육과 스킬은 그 다음이며, 리더가 발견한 성장 아젠다를 해결하는 도구이자 방법으로 활용되는 거죠. 단순한 리더십 교육보다는 리더가 자신의 조직 건강성을 진단하고 문제의식을 구체화하는 과정을 설계하는 것이 도움이 될 것입니다." 그만큼 조직의 변화는 '현 상황을 정확하게 진단하는 것'으로부터 출발하고, 조직의 실제 이슈를 해결해가며 리더십은 성장한다고 생각했던 것이다.

물론 조직의 건강도는 팀의 상황과 팀장의 관점에 따라 다를 수 있으며, 모든 조직이 위와 같은 접근을 따라야 한다고 주장하는 것은 아니다. 그러나 중요한 것은 조직이 유기체처럼 성장할 수도, 퇴보할 수도 있다는 점이다. 심지어 조직이 '죽을 수도' 있다는 사실을 우리는 기억해야 한다. 팀장과 구성원 모두가 팀의 건강을 정기적으로 점검하고, 체질 개선을 위한 노력을 기울이는 것이 필요하다. 팀은 팀장과 팀원들의 합이며, 그 성장의 결과로 모두가 함께 성장할 수 있다. 이 글을 보고 있는 팀장들은 오늘, 우리 팀을 위한 건강 체크 리스트를 만들어 보고 팀의 건강 상태를 하나씩 점검해 보기를 제안해 본다.

통하는 조직 vs 불통 조직

커뮤니케이션

소통이 잘된다는 것의 진짜 의미는?

조직에서 '소통이 잘된다'는 말만큼 자주 쓰이는 표현도 드물다. 수많은 워크숍에서 '소통이 잘되는 조직이 되기 위해 우리 팀에 필요한 것'이라는 주제로 다양한 논의가 이루어지지만, '소통이 잘된다'는 의미는 모두의 생각이 다르다.

이는 내가 하고 싶은 말을 편하게 할 수 있는 대상이 팀에 있다는 의미일 수도 있고, 동료들이 나의 말을 경청해 준다는 뜻일 수도 있다. 또는 리더와의 원활한 업무 소통을 통해 일이 효율적으로 이루어진다거나, 팀원들과 친밀한 관계가 형성되어 회의에서 자유롭게 의견을 말할 수 있는 분위기를 의미할 수도 있다. 나아가 팀 간 정보 공유가 원활해 사일로 현상이 없는 상태를 뜻할 수도 있다.

이처럼 '소통'이라는 단어는 다양한 상황과 맥락을 포괄한다. 그럼에도 우리는 이러한 여러 가지 의미를 하나의 문장인 '소통이 잘된다'로 단순화해서 표현한다. 진정한 '통하는 조직'이 되기 위해서는 먼저 우리가 말하는 '소통이 잘된다'의 의미를 명확히 정의하고, 그 의미에 맞춰 소통 방식을 고민하는 것이 필요할 것이다.

부담스러울 정도로 솔직하게 소통한다면?

킴 스콧은 저서 〈급진적 솔직함Radical Candor〉에서 팀장에게 필요한 가장 중요한 덕목으로 '과할 정도의 솔직함'을 강조한다. 급진적 솔직함은 소통의 질을 높이고 소통의 비용을 줄이기 위한 접근 방식이며, 이를 실천하기 위해서는 두 가지 전제가 필요하다. 개인적 관심Care Personally과 직접적 대립Challenge Directly이다.

개인적 관심이란 팀원의 사소한 개인사에 지나치게 관심을 갖는 것이 아니라, 팀원을 더 큰 꿈과 목표를 가진 사람으로 존중하는 것을 의미한다. 이를 위해서는 그들의 가치관과 동기를 이해하고, 무엇이 그들을 아침마다 출근하게 만드는지, 혹은 출근을 주저하게 만드는지를 알아가는 것이다. 진정한 신뢰는 이러한 깊이 있는 이해를 통해 형성된다.

직접적 대립은 팀원 간의 이견을 직설적으로 드러내어 성과를 높이고 팀 내 관계를 강화하는 데 필수적이다. 문제를 회피하지 않고 정면으로 다루며, 이를 통해 건강한 토론이 이루어지도록 유도해야 한다. 물론, 때로는 감정적인 상처를 남길 수 있지만, 문제를 외면하기보다는 끊임없이 대화하고 해결을 위한 노력을 이어가는 것이 중요하다.

이처럼 신뢰를 바탕으로 한 소통에서 문제를 명확하게 제시하고 논의하는 과정은 비난이 아닌 팀의 더 큰 목표를 위한 치열한 토론의 일부로 이해되어야 한다. 소통의 비용을 줄이고 효율을 높이기 위해서는 개인적 관심을 높일 방법, 그리고 직접적 대립을 촉진하기 위한 팀 내 공통 규칙ground rule을 고민하는 것이 의미 있다.

리더와 구성원 간의 소통Vertical Communication

조직은 추상적인 개념이 아니다. 팀원들에게 조직은 곧 매일 마주하는 팀장과 동료를 의미한다. 조직 내 소통을 이야기할 때 가장 먼저 고려해야 할 것은 리더와 구성원 간의 소통이다. 리더와의 소통은 조직이 추구하는 방향성과 팀 내 각자의 역할이 얼마나 잘 전달되고 있는지를 의미한다. 즉, 조직의 전략적 목표와 그 안에서 우리 팀의 역할, 나아가 각 팀원의 개별 업무가 얼마나 정렬되어 있는지를 구성원들이 이해하고 있는지가 중요하다.

리더는 이러한 방향성을 팀원에게 명확히 전달할 책임이 있다. 조직이 추구하는 목표가 무엇인지, 그 목표 하에 우리 팀이 어떤 역할을 맡고 있는지를 명확히 설명해야 한다. 이때, 단순히 메시지를 전달하는 것을 넘어, 팀원들이 이를 충분히 이해하고 납득할 수 있도록 다양한 방식으로 해석하고 재구성해야 한다. 리더는 팀원에게 회사의 기대와 방향을 비추는 거울 같은 존재이다. 따라서 팀원이 자신의 역할을 명확히 이해하고 그 역할에서 성과를 낼 수 있도록 도와야 한다.

특히 리더와의 피드백은 중요하다. 리더는 팀원들에게 성과와 평가를 직접적으로 이야기하는 유일한 존재이다. 구성원들은 리더를 통해 자신의 목표를 수립하고, 그 목표를 달성하기 위한 과정에서 피드백과 피드포워드를 받는다. 피드백은 과거의 성과를 돌아보며 개선할 점을 찾는 과정이고, 피드포워드는 앞으로 나아갈 방향과 목표를 함께 설계하는 과정이다. 리더는 이 과정에서 팀원에게 기대하는 역할과 목표를 명확히 공유하고, 이를 달성하기 위해 필요한 기술과 경험을 어떻게 갖춰야 할지 함께 논의해야 한다.

또한, 구성원이 리더에게 솔직하게 의견을 제기할 수 있는 분위기를 조성하는 것도 중요하다. 이는 구성원이 불편한 진실이라도 직접적으로 문제를 제기할 수 있는 환경을 만드는 것을 의미한다. 팀장은 감정적으로 불편할 수 있더라도, 이러한 피드백을 감사하게 받아들여야 한다. 팀원이 이런 피드백을 자유롭게 제공할 수 있다면, 심리적으로 안전한 환경에서 팀에 도움이 되는 건설적인 의견이 지속적으로 나올 것이다.

팀원 간의 소통 Horizontal Communication

팀원 간 소통에서 가장 중요한 것은 정보 공유다. 팀원들이 서로 얼마나 친밀한가보다 더 중요한 것은 팀 내에서 유용한 정보와 업무의 결과가 얼마나 잘 공유되고 있는지이다. 이는 조직의 목표를 달성하기 위한 중요한 소통의 기반이다.

리더는 팀원 간의 소통이 단순한 친밀감을 넘어서, 팀의 성과와 결과물이 지식 자산으로 축적되고 공유되고 있는지를 확인해야 한다. 개별 팀원의 성과가 개인의 PC에만 머물지 않고, 팀 내에서 필요할 때마다 접근할 수 있도록 잘 정리되고 공유되는 시스템을 구축하는 것이 중요하다. 이는 팀의 시너지를 극대화하고, 정보가 원활하게 흐르는 조직을 만드는 핵심 요소이다.

심리적 안전감과 팀원 간의 유대감이 중요하다는 점은 이미 많은 연구에서 강조되었다. 하지만 이를 토대로 정보와 지식이 지속적으로 축적되고 공유될 때 비로소 진정한 소통이 이루어진다. 소통의 본질은 단순한 대화가 아니라, 조직의 목표를 향해 모두가 함께 나아갈 수 있도록 정보를 기반으로 한 협력의 과정이다.

MZ세대와 함께
성장하는 팀

MZ세대 소통

요즘 세대의 언어: 이걸요? 제가요? 왜요?

최근 팀에 20대~30대 초반 팀원이 많아진 정 팀장은 고민이 많다. MZ세대와의 소통이 어렵다는 이야기는 많이 들었지만 직접 경험하니 당황스러운 상황이 많이 생기기 때문이다. 최근에는 팀 내에 나누기가 애매한 새로운 업무를 요청했더니 20대 후반의 팀원은 대뜸 "제 업무도 아닌데, 이걸 왜 제가 해야 하나요?"라고 맞받아쳤기 때문이다. 정 팀장은 회사에서 '까라면 깐다'는 것이 당연하게 여겨졌는데, 기존의 방식이 요즘 세대에게 통하지 않는다는 사실이 당황스럽고 이걸 왜 해야 하는지를 일일이 설명하려니 답답한 순간이 많다. 뿐만 아니라 IT 회사의 김 팀장도 프로젝트 진행 중에 젊은 팀원이 프로젝트 방향성이 이해되지 않는다며, 납득할 만한 설명을 해달라는 90년생 팀원의 요청에 당황한 경우가 한두 번이 아니다.

최근 기업의 팀장들 사이에는 '3요' 주의보가 확산하고 있다. 상사의 업무 지시에 '이걸요?', '제가요?', '왜요?'라고 되묻는 젊은 직원들의 반응을 3종 세트로 묶은 신조어다. 군소리 없이 지시를 따르던 예전 세대와는 다른 MZ세대의 반발에 당황스럽고 곤혹스럽다. 뿐만 아니다. 예전에는 회사에 모든 것을 쏟아부어 인정받고 승진하는 것이 모두의 바람이었는데, 요즘 친구들은 그렇지 않다. 잡코리아에서 국내의 MZ세대를 대상으로 진행한 인식 조사에서 절반 이상인 54.8%가 임원 승진을 원치 않는다고 답했다. 승진을 원하지 않는 가장 큰 이유는 책임을 져야 하는 위치에 대한 부담감 때문이라 답했고, 임원 승진이 현실적으로 어려울 것 같고, 워라밸 유지가 어려울 것 같아서 회피한다는 답변이 뒤를 이었다. 실제로 조직 내리더 기피 현상이 늘고 있다. MZ세대는 리더로의 승진을 기피하는 현상이 늘고 있으며, 리더가 되면 실무뿐 아니라 관리 업무의 과중으로 워라밸이 파괴되고, 개인의 미래가 불안정해질 것으로 인식하는 경우도 있었다. 또한 리더가 되면 상사와 팀원 사이에서 위아래 눈치를 보느라, 업무 자유도가 축소되는 일이 많아서 리더의 자리가 매력이 없다고 말했다.

　이런 세대의 변화가 당혹스러운 당신. 우리는 세대의 변화를 어떻게 바라보고, 무엇을 해야 할까?

회사와 일에 대한 생각이 완전히 바뀌었다

　베이비붐 세대로 대표되는 과거에는 많은 경우 삶이 일과 직장을 중심으로 흘러갔다. 업무는 대부분 단일 직무 중심으로 수행되었고, 일이 삶을 감싸고 있는 일 중심의 라이프 스타일이 세팅되었다. 그 안에서 일에 모든 에너지를 투입하는 것이 당연한 세대, 즉, 일을 위한 삶을 살아가는 것이 당연한 시대였다. 이후 X세대로 넘어오며 일과 삶의 균형이라는 화두가 떠오른다. 삶도 중요하기에 일과 삶에 균형점을 찾아야 하며, 그를 위해 업무 외 시간은 일과 단절하는 일과 삶의 분리를 강조했다. 하지만 최근 MZ세대는 본인이 설정한 삶의 방향과 어울리는 일을 찾는다. 일을 위한 삶이 아니라, 삶을 위한 일이 되어야 함을 강조한다. 일은 본인의 삶을 더욱 윤택하게 만드는 수단이며, 일을 통해 자아 실현을 기대한다. 따라서 N잡을 포함하여 본인이 원하는 다양한 직무를 수행하며, 본인이 의미를 느끼는 영역에 열정과 에너지를 투입한다. 따라서 일과 직장에서도 본인의 라이프 스타일과 지향점이 맞는 곳을 선호하며, 그것과 다른 경우 퇴사를 선택한다. 반면 일을 통해 본인의 삶이 발전한다고 느낄 때는 강한 열정을 발휘한다.

팀은 구성원의 성장의 발판이 되어야

따라서 최근 MZ세대에게 조직은 개인의 삶을 발전시킬 수 있는 토대가 되어야 한다. 따라서 구성원에게 가장 가깝고 실질적인 조직인 팀은 구성원 개개인의 성장을 지원하는 플랫폼이 되어야 한다. MZ세대에게 성장은 '넥스트 스텝Next Step'을 디자인하는 과정이다. 평생 직장이 사실상 소멸하고, ICT 업체나 스타트업 중심으로 활발한 이직이 일어나는 일련의 사태가 그를 증명한다. 현재의 일이 본인의 넥스트 스텝에 도움이 되어야 몰입한다. 따라서 팀장은 구성원 개개인이 본인의 커리어에 도움이 되는 폭넓은 업무 경험과 교류의 기회를 제공해 주어야 한다.

팀장이 팀원의 이직을 도와주라는 말처럼 들릴 수 있다. 이렇게 성심성의껏 키운 팀원이 그를 발판으로 더 좋은 곳으로 떠날 것에 대한 우려가 생길 수 있다. 하지만 기억해야 할 것은 떠날 사람은 어떻게 해도 떠난다는 점이다. 그리고 공격이 최선의 방어라는 말이 있듯이 팀장의 적극적인 지원에 힘입어 성장하고 역량이 확대되고 있는 것을 느끼는 팀원은 몰입하고 있기에 팀을 떠날 가능성이 더 적다. 왜냐하면 팀에서 충분히 인정받고 있고, 성장감을 누리고 있는 구성원은 불만 요소보다 만족 요소가 훨씬 더 크게 다가오기 때문이다. 따라서 팀장들은 팀원들의 이직을 두려워하기보다는 더욱 공격적인 태도로 기회를 제공해보는 건 어떨까?

성취감을 느끼는 별동대 같은 기회를 제공하라

MZ세대들에게 주어지는 업무도 다른 방식이면 좋다. MZ세대는 디지털 역량이 뛰어나고 정보력도 빠르며 본인이 의미를 느끼는 영역에 강한 추진력을 가지고 있으므로 스스로 기여하고 싶은 영역을 찾아 별동대와 같은 권한과 기회를 제공하는 것도 도움이 된다. 최근 MZ 직원들을 타겟으로 한 다양한 시도들이 생기고 있다. GS 리테일은 2030세대들로 구성한 '갓생기획' 프로젝트를 추진했다. MZ세대를 사로잡기 위해 MZ세대 직원들이 직접 컨셉 스토어를 기획하고 운영하는 프로젝트를 진행한 것이다. 팀장 없이 진행되는 갓생기획은 격의 없이 수다를 떠는 느낌으로 회의하며, 의사 결정의 자유도가 높아 유연한 업무 진행이 가능하다. 참여하는 직원들은 본인이 좋아하는 것을 직접 기획하고 실행함으로써 업무에 대한 자신감과 도전 정신이 높아졌다고 평가했다.

팀 내에서도 MZ세대들이 본인의 열정을 발휘할 수 있는 기회를 제공해 보자. 물론 회사 내에서 진행되는 프로젝트이기 때문에 우리 팀의 성과 지표와 연계된 프로젝트를 기획하는 것이 필요하다. '무엇'에 대한 프로젝트를 진행할지까지와 잘 되었을 때의 모습^{To-Be Image}는 팀장이 함께 논의하되, 어떻게^{How} 진행할지는 자체적으로 결정하고 진행하도록 독자적인 권한을 부여하는 것이다. 스스로 니즈를 파악하고, 스스로 결정할 수 있는 주도권과 실행 기회를 제공할 때, 그들은 스스로 의미를 느끼며 몰입한다. 그리고 그들의 열정은 우리 팀에 새로운 활력을 불어넣을 것이다.

'이전 분들'에 대한 '요즘 것들'의 대답

'요즘 것들'이라는 도서가 출간되고 그 제목만으로 화제가 된 적이 있었다. 이해하기 힘든 요즘 세대들의 특성을 보며 느끼는 '이전 분들'의 어려움과 답답함이 반영된 단어라 호응을 얻은 것으로 보인다. 이전 세대는 MZ세대에게 '회식에 소극적'이라 말한다. 그러면 요즘 친구들은 회식을 싫어하는 것이 아니라, 원치도 않는데 늦은 밤까지 마지못해 자리를 지켜야 하는 회식이 싫은 것이라고 답한다. 이전 세대가 MZ세대를 보며 다른 팀원이 퇴근도 안 했는데 혼자 칼퇴하는 것이 문제라 말하면, 그들은 내 일은 다 끝났고, 다른 사람이 도와주기도 어려운 본인의 일인데 왜 같이 남아 있어야 하냐고 반문한다. 이전 세대가 MZ세대에게 열정이 없다고 말할 때, 그들은 '좋아하는 일에는 열정적'이라 답한다.

이처럼 이전 세대와 MZ세대는 다르다. 자라온 사회적·경제적 환경이 다르고, 그로 인해 형성된 세대의 특성이 다르기 때문에 틀림이 아니라 다름으로 봐야 한다. 그들에게 가장 가까운 조직의 대변자인 팀장이 그들을 이해하고, 그들에 맞는customized 방식으로 조직과 MZ를 이어줘야 한다. 그런 팀장을 만난 팀원은 본인의 업무에 몰입할 뿐 아니라, 리더로의 성장을 꿈꾼다. 그렇게 이전 세대와 MZ세대가 함께 시너지를 내는 세상을 꿈꾼다.

벽 없는 조직을 위한
협업의 재구성

협업

조직의 경쟁 우위를 위한 핵심 역량은 협업

한 번쯤 들어보았을 '사일로Silo'라는 단어는 원래 곡식을 저장하는 원통형 저장고를 의미한다. 이 저장고는 곡식을 쌓아 보관하고 아래 토출구를 통해 빼낼 수 있는 구조지만, 하나의 저장물만 보관할 수 있어 제한적이다. 그래서 '사일로 현상'은 조직 내 각 부서가 마치 독립적인 사일로처럼 존재해 소통이 원활하지 않고 부서 이기주의가 나타나는 상황을 의미하는 표현으로 자리 잡았다. 챗GPT와 같은 AI 기술 도입 등 빠르게 변하는 경영 환경에서 협업의 중요성은 갈수록 커지고 있다. 〈위대한 기업의 선택〉의 저자 모튼 한센 교수는 "향후 조직의 경쟁 우위는 조직 내 흩어진 자원을 효과적으로 연결해 내는 협업collaboration 역량이 될 것"이라고 강조한다.

그렇다면 협업이란 무엇인가? '소통'과 함께 조직에서 가장 많이 언급되는 단어가 협업일 텐데, 우리는 협업을 어떻게 정의하는가? 업무에 지친 동료의 일을 대신해 주는 것이 협업인가? 아니면 프로젝트처럼 구체적인 목표를 공유한 구성원들 간의 활동에만 해당하는가? 생성형 AI에게 협업의 정의를 물어보니, "협업은 두 명 이상의 개인이나 그룹이 공통의 목표를 달성하기 위해 정보, 자원, 능력을 공유하고 통합하여 함께 작업하는 과정"이라고 답했다. 이 정의처럼 협업은 참여자 각자의 전문 지식, 기술, 경험을 융합하여 새로운 가치를 창출하거나 문제를 해결하는 활동까지 포함한다. 꽤나 훌륭한 답변이다. 그렇다면 우리 팀이 사일로를 넘어 협업을 강화하는 방법은 무엇인지 구체적으로 살펴보자.

우리만의 협업 재정의하기

AI가 정의한 것처럼, 협업에는 ① 공통의 목표가 있어야 하고, ② 정보, 자원, 능력을 공유하고 통합하는 과정이 필요하며, ③ 이를 통해 새로운 가치를 창출하거나 문제를 해결하는 활동이 포함된다. 여기에 한 가지를 더하자면, '협업의 맥락'을 고려해야 한다. 산업 별 또는 팀의 구체적인 미션과 일하는 방식에 따라 협업의 모습은 달라지기 때문이다. 따라서 우리 팀만의 협업을 재정의할 필요가 있다.

예를 들어, 해커의 예상 경로를 예측하여 선제적으로 대응하는 '화이트해커' 팀을 진단한 적이 있었다. 진단 결과, 팀 특성상 협업 이 중요한데도 불구하고 현재 협업 수준이 낮았고, 이를 향상하는 것이 목표였다. 일반적으로는 소통 채널을 점검하고 공식 및 비공 식 소통 방식을 확인하지만, 이 팀의 문제는 달랐다. 특전부대처럼 혼자서 해커의 침투 경로를 예측하고 방어하는 독립적인 역할을 수 행하는 특성상, 타 팀원과의 협업이 거의 필요하지 않았다. 따라서 협업의 형태도 달라져야 했다. 각 팀원이 보유한 해커 침투 경로 대 비 시나리오 자료는 개인의 핵심 노하우가 담긴 지적 자산으로, 공 유를 꺼리는 분위기였다. 이 팀에서 최상의 협업이란 '본인의 해커 침투 시나리오를 공유하는 것'이었다. 간단해 보이지만, 이를 통해 다른 팀원들이 100시간은 해야 할 일을 줄여줄 수 있었다. 우리 팀 만의 핵심 협업 활동은 무엇인가? 우리만의 색깔을 담아 협업을 재 정의해보자.

팀 안의 정보가 물처럼 흐르도록

협업의 핵심은 정보다. 조직 내 지식과 정보가 자유롭게 흐르고, 재생산되어 조직적 자산으로 발전할 때 협업은 진정한 의미를 가진다. 이를 위해 팀에서 전략적으로 중요한 지적 자산이 무엇인지를 파악해야 한다. 한국에서 가장 성공한 유니콘 기업 중 하나인 금융기업 토스는 정보 공유의 중요성을 인지하고 있다. 토스의 이동건 대표는 이렇게 말했다. "토스는 연봉 등 민감한 정보를 제외한 모든 정보를 공유한다. 이를 통해 협업을 위한 강력한 신뢰 문화를 형성하고, 직원이 스스로 어떻게 조직에 기여하는지를 확인하게 한다." 우리 조직은 정보를 얼마나 투명하게 공개하고, 필요할 때 쉽게 접근할 수 있는 채널을 활용하고 있는지 점검해보자.

악마의 대변인을 통한 집단지성 만들기

회의 중 누군가는 악마의 대변인devil's advocate 역할을 해야 한다. '악마의 대변인'은 원래 바티칸에서 교황 후보를 반대하는 사제를 의미한다. 이 사제는 논의에 반대 의견을 제시하여 균형을 잡고 리스크를 줄이는 역할을 한다.

팀에서도 악마의 대변인 역할은 중요하다. 업무 담당자는 자신의 과제에 몰입해 누구보다 깊이 알고 있지만, 때로는 좁아진 시야로 인해 다른 관점이나 문제를 놓칠 수 있다. 객관화된 관점을 제시하는 동료는 확증편향을 방지하고, 과제의 완성도를 높이는 데 도움을 준다. 이는 마치 글을 쓸 때 본인이 발견하지 못한 오탈자를 다른 사람이 쉽게 찾아내는 것과 같은 이치다.

물론 불편할 수 있는 의견을 제시하려면 상호 신뢰와 심리적 안전감이 필요하다. 우리 팀이 공통의 목표를 위해 협력하며, 의견은 비난이 아니라 도움을 위한 것임을 모두가 이해할 때 이러한 피드백이 가능하다. 팀장은 솔직한 의견 교환의 자리를 정기적이고 자연스러운 일상으로 만들어야 하며, 솔직한 피드백이 팀에 긍정적인 영향을 미친다는 문화를 조성해야 한다. 또한 그라운드 룰을 수립해 모든 의견을 수용할 필요는 없다는 점이나, 피드백을 주고받는 태도와 피드백을 반영한 결과를 공유하는 방식에 대해 합의하는 것도 중요하다.

협업을 통해 거인의 어깨 위에 서도록

'거인의 어깨 위에 서라'는 표현은 선배들의 경험과 지혜를 원동력으로 삼으라는 의미다. 물론 팀의 모든 구성원이 거인일 수는 없다. 하지만 각자의 자리에서 각자의 관점으로 고민하는 동료의 통찰은 팀과 개인에게 큰 자산이 된다. 변화 속도가 빨라지면서 개인 차원에서 지식을 습득하는 속도에 한계가 생기는 경우가 많다. 이때 필요한 것이 바로 집단 지성이다. 서로 다른 관점과 경험이 융합되고 시너지를 만들어낼 때, 우리는 새로운 가치를 창출하고 공통의 목표를 달성할 수 있다. 이를 위해 팀 내에서 협업을 촉진하고, 1+1이 2를 넘어 3 이상의 효과를 내도록 하는 것이 팀장의 중요한 역할이다.

처음에는 어려워 보이지만, 팀장이 먼저 협업의 길을 열면 팀원들도 그 길을 따라갈 것이다. 팀장이 우리 팀만의 새로운 협업 문화를 만들어 가기를 추천한다. 협업을 통해 팀이 거인의 어깨 위에 서서 더 높은 곳을 바라볼 수 있기를 기대한다.

구성원 주도의
변화 추진 전략

자발적 변화

"사람들은 변화를 거부하지 않는다. 변화되는 것을 거부할 뿐
이다."

-피터 센게

많은 사람들이 변화의 필요성은 공감한다. 하지만 실질적인 변
화가 생기는 경우는 많지 않다. 그 이유는 무엇일까? 사람은 본능적
으로 안정적인 상태에 머물고자 하는 성향이 강하기 때문이다. 따
라서 변화를 성공적으로 끌어내기 위해서는 그 이상의 노력이 필요
하다. 피터 센게의 말처럼 사람들은 변화를 거부하지 않지만, 본인

이 변화해야 하는 상황에 대해서는 큰 거부감을 느끼기 때문이다. 이 때문에 변화는 구성원들이 주체적으로 기획하고 실행해야 변화가 가능하다. 그를 통해서만 변화가 시작될 뿐 아니라, 지속 가능하다. 이를 가능하게 하는 핵심 전략이 스몰 윈Small Win 전략과 피드백 선순환 구조이다.

변화를 위한 준비도Readiness 점검

모든 변화에는 저항이 따른다. 변화의 방향에 대한 공감이 부족할 수도 있고(방향성), 눈앞에 닥친 일들을 해결하느라 여력이 없을 때도 많다(추진 동력 부족). 하지만 이유와 상관없이 공통된 사실은 변화는 어렵다는 점이다. 기존에 하지 않았던 일을 시도하고, 시간과 노력을 쏟아야 하지만 즉각적인 성과를 관찰하기는 쉽지 않다. 따라서 변화를 추진하기 전에 팀의 변화 준비도Readiness를 점검하는 것이 필요하다.

변화 준비도는 팀 내 다양한 요소를 통해 파악해야 한다. 리더와 팀원들이 변화의 필요성을 얼마나 절박하게 느끼고 있는지, 변화를 위한 동력이 충분한지 등을 확인하는 것이 중요하다. 단순히 워크숍에서 변화의 필요성을 이야기하는 것만으로는 부족하다. 팀이 변화에 충분히 준비되지 않았다면, 어설픈 변화 시도는 구성원들에게 부담만 주고 오히려 더 큰 저항을 불러일으킬 수 있다.

눈덩이 전략으로 구성원 주도의 변화 추진하기

변화를 지속적으로 이루기 위해서는 구성원들이 주체적으로 변화를 끌어 나가는 환경을 조성해야 한다. 단순히 워크숍이나 프로그램에서 끝나는 것이 아니라, 구성원들이 직접 변화를 설계하고 실행할 수 있도록 구조를 만들어야 한다. 데이먼 센돌라의 눈덩이 전략은 이런 점에서 매우 효과적이다. 눈덩이 전략이란, 작은 규모로 시작한 변화가 점차 커져 조직 전체에 영향을 미치는 것을 의미한다.

예를 들어, 구글의 직원 자원 그룹Employee Resource Group, ERG 사례를 보면, 구성원들이 자발적으로 문제를 인식하고 해결하는 구조가 형성되어 있다. 문제가 감지되면 이를 해결하고자 하는 구성원이 자발적으로 동료들을 모아 그룹을 형성하고, 해결 방안을 마련하여 회사와 협력해 문제를 해결해 나간다. 조직은 초기 세팅, 예산 지원, 그리고 시니어 리더 배정 등으로 이 과정을 돕는다. 구글의 ERG는 자발적인 구성원들이 주도적으로 문제를 해결하는 구조를 갖추고 있으며, 이러한 방식이 조직의 긍정적인 변화를 끌어내는 중요한 요인 중 하나이다.

팀 안에서도 마찬가지로 팀 자원 그룹을 구성해 볼 수 있다. 팀의 성장을 위해 문제를 인식한 구성원들이 자발적으로 그룹을 조직하고, 변화를 추진할 수 있도록 리더가 지원하는 것이다. 리더는 이 과정에서 연결자와 조력자의 역할을 하면 된다. 즉, 동일한 문제 의식을 가진 팀원들을 연결해 주고, 변화 활동을 인정하며, 필요할 경우 예산 지원 등을 통해 변화를 돕는 것이다. 이를 통해 자발적인 변화가 일어나고, 구성원들의 자발적 참여는 지속 가능성을 높이는 동력이 될 수 있다.

피드백 선순환 고리 만들기

변화 논의에 활발히 참여했지만, 그 후 업무로 돌아가면 일상에 치여 변화를 잊기 쉽다. 이를 방지하기 위해 필요한 것이 바로 피드백 선순환 고리이다. 함께 만든 변화 계획이 제대로 이행되고 있는지 주기적으로 점검하고 피드백하는 연결 고리가 반드시 필요하다.

구성원들은 소통 채널(협업 툴, 채팅) 등을 통해 변화 상황을 자유롭게 논의할 수 있어야 하며, 필요하면 변화 상황을 점검하고 경과를 알리는 담당자를 배정하는 것도 좋다. 변화를 위한 중요한 마일 스톤을 미리 설정해두고, 그에 맞춰 변화 과정을 점검하고 추가적인 지원을 논의할 수 있는 구조를 마련하는 것이 중요하다. 또한 변화 과정을 평가하고, 성과를 격려하는 보상 체계(예: KPI 반영)나 자극을 제공할 수 있는 혜택을 마련해 변화를 장려하는 것도 필수적이다.

큰 변화는 작은 승리들의 합으로 만들어 진다

변화 관리의 대가인 존 코터는 "변화는 사람들이 새로운 관점을 배우고, 기존과 다른 행동을 시도할 때 점진적으로 발생한다. 큰 변화는 한 번에 이루어지는 것이 아니라, 작은 승리들Small Wins이 모여 만들어진다"고 말했다.

변화를 위한 여정도 마찬가지다. 단번에 큰 변화를 기대하기보다는 작은 성공 경험들을 쌓아가며 점진적으로 변화해 나가야 한다. 이러한 작은 성공은 팀 내에서 긍정적인 피드백을 불러일으키고, 더 큰 변화로 나아가는 동력이 될 수 있다.

구글, 그리고 많은 성공적인 기업들이 작은 성공을 통해 큰 변화를 만들어 가는 방식은 우리 팀에서도 적용 가능하다. 팀장과 구성원이 함께하는 변화의 여정은 시간이 지남에 따라 크고 작은 의미 있는 변화를 끌어낸다. 이 과정에서 리더와 팀원들은 장기적인 관점에서 의미 있는 변화Small Wins를 만들어 가는 것이 필요하다. 내가 속한 우리 팀의 주인공은 구성원이며, 팀의 건강성은 스스로 만들어 가는 것이라는 인식이 필요하다. 작은 개울들이 모여 큰 강이 되듯, 작은 변화들이 모여 결국 팀 전체의 큰 변화를 만들어 낼 것이다.

조직 변화를 위한 장기간의 조직 개발

당시 상황

많은 리더는 조직 변화를 끌 때 단기적 성과에만 집중하거나 일회성 프로그램에 의존하게 된다. 이는 워크숍이나 교육 프로그램이 끝난 후, 어떻게 그 변화를 지속할지에 대한 구체적인 계획이 부족하기 때문이다. 과거에도 다양한 조직 개발 프로그램이 성공적으로 진행되었지만, 워크숍 이후 리더들이 실질적인 변화를 이어가는 데 어려움을 겪었다는 피드백이 많았다.

리더들은 과중한 업무 속에서 지속적인 변화를 추진하기 어려워하고, 팀원들 또한 리더의 변화가 지속되지 않으면 실질적인 변화를 체감하기 힘들어 한다. 팬데믹 같은 외부 요인은 리더에게 더 큰 도전과제를 제시했고, 이에 따라 리더십 스타일과 팀 운영 방식에 변화가 필요해졌다.

새로운 변화 패러다임 필요성

단기적인 성과에만 머물지 않고 장기적이고 지속적인 변화를 이루기 위해 새로운 변화 패러다임의 필요성이 대두되었다. 변화는 리더 혼자만이 아닌, 구성원들이 자발적으로 변화를 주도할 수 있는 환경을 조성하는 데서 시작된다. 이를 위해 조직 개발Change Journey이라는 장기적인 변화 여정 개념을 도입하게 되었다.

이 과정에서 리더는 지시자가 아닌, 구성원들이 변화를 주도할 수 있도록 돕는 조력자의 역할을 해야 한다. 중요한 것은, 팀원들이 작은 성과Small Wins를 통해 변화를 직접 경험할 수 있는 기회를 지속적으로 제공받아야 한다는 점이다. 작은 성공들이 모여 더 큰 변화를 이루어 내며, 이는 팀 전체의 동력을 유지하는 데 핵심 역할을 하기 때문이다.

1. 과정 전: 문제 도출 및 성장 영역 구체화

변화를 위한 첫 단계는 조직의 문제를 명확히 진단하고, 성장할 수 있는 영역을 구체화하는 것이다. 이를 위해 사전 조사와 팀원들의 의견을 수렴하여 문제점을 분석했다.

- **사전 조사 및 인터뷰**: 조직의 현황, 미션, 역사 등을 바탕으로 서면 인터뷰를 진행해 팀의 문제와 성장 가능성을 확인했다.
- **1차 리더 미팅**: 팀의 성장 방향과 조직 내 주요 이슈를 논의하며, 리더가 조직의 문제를 명확히 인식하도록 도왔다.
- **조직 진단 및 팀원 인터뷰**: 팀원들의 의견을 수렴하고, 조직 내 공통적으로 느끼는 문제와 개선 필요 사항을 분석했다.
- **2차 리더 미팅**: 진단 결과를 리더에게 공유하고, 향후 조직의 성장 방향을 구체화하는 과정에서 합의를 도출했다.

2. 조직 개발 워크숍: 맞춤형 과정 설계 및 6개월 액션 플랜 도출

이 워크숍은 단순한 논의가 아닌, 실질적인 변화 계획을 수립하기 위한 맞춤형 프로그램으로 설계되었다.

- **맞춤형 과정 설계**: 팀의 진단 결과에 따라 맞춤형 워크숍을 진행하고, 각 성장 영역에 맞춘 TF^{Task Force}를 조직했다.
- **TF 리더 선정 및 자발적 참여**: 팀원들이 직접 TF 리더를 선출하고 자발적으로 참여함으로써, 구성원들이 변화의 주체가 되도록 했다.
- **6개월간의 액션 플랜 도출**: 팀의 구체적인 목표와 실행 계획을 6개월간 수립하며, 책임자를 지정해 실행 가능성을 높였다.

3. 과정 이후: 지속적인 실행 및 피드백

변화를 지속하기 위해 정기적인 실행 점검과 피드백 시스템이 마련되었다.

- **팀원 대상**: 워크숍 이후 1주차에 수립된 액션 플랜 결과를 팀원들에게 제공하고, 1개월 및 3개월 후 펄스서베이^{Pulse Survey}를 통해

실행 상황을 점검했다. 평가를 위함이 아니라, 현재 잘하고 있는 것과 부족한 것을 파악하고, 변화의 과정에서 구성원들이 느끼는 인식과 지원 필요 요인들을 발견하기 위함이었다.

- **리더 대상**: 리더 간 그룹 코칭을 3회 진행하며, 각 리더가 변화를 추진하는 과정에서 겪는 어려움을 공유하고 극복 방안을 논의했다. 개별 리더는 추가로 코칭 세션(5회)을 통해 성장할 기회를 가졌다. 리더는 변화 아이디어를 조직의 구성원들과 함께 나누지만, 같은 고민을 하는 다른 조직의 리더들과 이야기하며 방안을 구체화하는 시간도 함께 가졌다.

- **최종 리뷰 워크숍**: 6개월이 지난 후에는 최종 워크숍을 열어 변화의 과정을 공유하고, 향후 계획을 수립했다. 조직 내, 정례화할 것(예: 학습 조직 등) 변화에 기여한 인원에 대한 인정Recognition, AARAfter Action Review 등을 통해 잘했던 것과 아쉬웠던 점과 다시 진행할 때 반영할 부분 등에 대한 구체적인 논의를 하며, 대장정을 마무리했다.

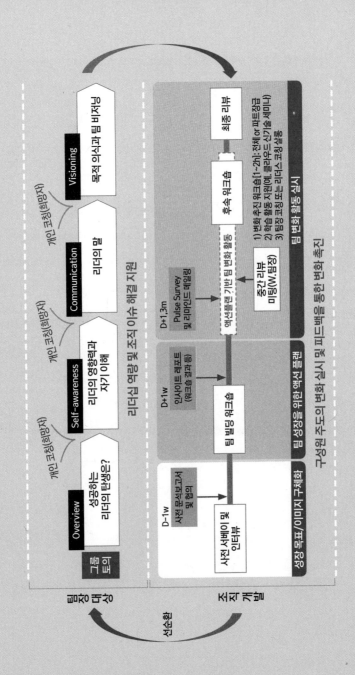

진행 결과

조직 개발^{Chage Journey}은 리더와 HRD 간의 파트너십을 크게 강화하는 데 성공했다. 기존에는 교육 부서로 여겨지던 HRD팀이 현업이 고민하는 실제 비즈니스 이슈를 함께 고민하는 비즈니스 파트너로 변화했다. 팀의 주요 이슈와 성장 방향을 함께 고민하면서, HRD는 피드백 고리 역할을 하며 지속적인 변화를 도왔다. 특히 조직 진단 보고서는 리더들에게 팀의 핵심 이슈를 명확히 파악하는 데 큰 도움을 주었다. 리더는 이를 통해 팀의 현재 상황을 객관적으로 이해할 수 있었으며, 팀원들 역시 자발적으로 팀 성장에 기여할 수 있는 아이디어를 제안하며 변화 과정에 적극 참여했다.

이 과정에서 CoP^{Community of Practice} 활동이 활성화되어 기술 역량 강화를 목표로 자발적인 학습과 협업이 활발해졌다. 또한 부서 간의 답답했던 소통 문제를 개선하기 위한 시도들도 일어나기 시작했다. 구성원들이 자발적으로 동참하여 팀의 성과와 성장을 위한 다양한 변화가 이루어졌고, 이는 지속 가능한 성장으로 이어졌다.

전문가 인터뷰

서지영 코치, 코칭경영원

Q **간단한 자기 소개 부탁드립니다.**

안녕하세요. 저는 코칭경영원 파트너 코치 서지영입니다. 주로 경영진 및 리더 대상 코칭과 강연을 하고 있으며, 리더와 팀, 조직 문화, 강점, 몰입, 코치 트레이닝을 통해 리더와 구성원의 성장을 지원하는 데 집중하고 있습니다. 임원 코칭, 핵심 인재 코칭, 리더십 팀 코칭, 성과 코칭, 코치 트레이닝과 더불어 리더십, 성과 관리, 팀 빌딩, 조직 문화 워크숍, 몰입 촉진 리더십, 강점 기반 팀 만들기, 커리어 디자인 과정도 진행하고 있습니다.

Q **책 주제가 변화에 강한 팀을 만드는 리더의 핵심 전략인데, 변화 과정에서 가장 중요한 리더의 역할은 무엇이라 생각하시나요?**

변화의 정의가 무엇인지에 따라 리더의 역할이 달라질 수 있는데요. 현재보다 더 나은 조직으로의 변화이든, 미래 준비를 위한 변화이든, 체질 개선을 위한 변화이든, 공통적인 목표는 팀과 구성원이 함께 원하는 곳으로 나아가는 것입니다. 이를 위해 다음과 같은 질문을 리더와 팀이 함께 고민하고 공유하는 것이 중요합니다: 왜 변화해야 하는지, 지향점이 어디인지, 변화가 조직과 개인에 미칠 성과가 무엇인지, 리더와 팀이 변화할 준비가 되어 있는지, 그리고 그 변화의 지속성을 유지할 시스템은 무엇인지 등을 확인해야 합니다. 변화 과정에서 리더에 대한 신뢰와 팀십이 성패에 큰 영향을 미치며, 신뢰가 없다면 팀의 변화를 위한 동력이 떨어질 수 있습니다.

Q 변화에 강한 팀을 만들기 위해 리더의 역할에는 어떤 것들이 있을까요?

리더는 조직과 팀의 지향점을 일치시키고, 팀과 개인의 역량, 그리고 현재 팀 상황을 명확히 파악해야 합니다. 또한 구성원의 강점을 인식하고 이를 발휘할 수 있도록 지원하며, 소통과 존중을 바탕으로 협업하는 조직 문화를 조성하는 역할도 중요합니다. 변화 과정 중에는 함께 학습하고 성공을 축하하는 문화를 형성하고, 변화의 지속성을 위해 필요한 시스템을 구축하는 것 또한 리더의 책임입니다. 저는 이러한 역할들이 변화에 강한 팀을 만드는 과정에서 팀의 '변화 근육'을 형성하는 것과 같다고 생각합니다.

Q 팀의 변화를 추진할 때 저항이 많은데, 이를 극복할 방법이 있을까요? 변화 과정에서 의미 있었던 사례가 있다면 나누어주세요.

저는 A기업 신기술 담당 팀의 팀 빌딩과 코칭 사례가 기억에 남습니다. 이 팀은 신규 조직으로, 시니어와 주니어 간 소통 부족과 협업 저하로 도전적인 문화를 만들기 어려운 상황이었습니다. 특히 신임 리더는 시니어와 주니어 사이의 소통이 원활하지 않았고, 실무 전문가에서 리더로 전환하면서 번아웃을 겪고 있었습니다. 그 결과 팀 전체의 에너지와 업무 열정도 낮아진 상태였죠. 사전 인터뷰와 설문을 통해 진단한 결과, '원팀 만들기'가 이 팀의 우선 과제임을 확인했습니다.

이 과정에서 저는 소통과 존중의 문화를 조성하고, 팀원 각자가 자신의 일에 자부심을 느끼며 목표를 함께 설정하도록 했습니다. 시니어의 노하우와 주니어의 도전 열정이 상호 작용할 때 원팀으로서의 파워가 발휘될 수 있다고 확신했기 때문입니다. 리더 역시 팀의 명확한 방향성을 공유하며, 서로의 실패와 성공을 함께 인정하고 축하하는 시간을 가지면서 각자의 강점을 발견하는 과정을 마련했습니다. 이후 이 열망이 일상으로 이어질 수 있도록 그라운드 룰을 마련하여 팀에 적용했습니다.

3개월 후 팔로업 세션을 통해 변화 과정을 모니터링했을 때, 시니어와 주니어가 자연스럽게 소통하고 응원하는 분위기가 형성되었으며, 리더의 언어도 보다 긍정적이고 감사하는 방향으로 변화했습니다. 팀원들 또한 "한번 해보겠습니다", "제가 더 노력하겠습니다"라는 태도로 변하며, 리더는 "힘드시겠지만 부탁드립니다. 결과는 제가 책임지겠습니다"라는 말을 통해 강한 상호 신뢰를 다지는 조직으로 발전하는 모습을 볼 수 있었습니다.

PART
4

시스템/문화:
조직이
성장의
플랫폼이
되게 하라

현상 이면의 기본 가정을
발견하라

문화

"팀장으로서 팀을 이끌어갈 때 가장 중요하게 생각하는 가치나 기준은 무엇인가요?"

최근 조직의 문화와 일하는 방식에 대한 관심이 높아지고 있다. 그 이유는 조직에서 목표를 달성하기 위해 문화를 형성하고 이를 효과적으로 활용해야 한다는 인식이 점점 확산되고 있기 때문이다. 팀의 규범과 방식은 오랜 시간에 걸쳐 구성원 간의 상호 작용으로 형성되지만, 많은 경우 팀장의 기준과 지향점이 반영되기도 한다. 전 인텔의 CEO 앤드류 그로브는 "강력한 조직 문화는 보이지 않는 손처럼 조직의 운영 방식을 지배한다. 여기서는 그렇게 하지 않는 다는 한마디 말이 그 어떤 문서상의 규칙보다 강력한 힘을 가진다" 고 말했다. 이처럼 팀장이 어떤 가치와 기준을 가지고 팀을 이끌어 가는지 명확히 인식하는 것이 중요하다. 그것이 의식적이든 무의식 적이든, 이러한 기준과 지향점은 행동과 말로 드러나며 팀 내의 일 하는 방식과 가이드라인으로 작용한다.

그러나 많은 팀장들이 공통적으로 고민하는 문제가 있다. "팀 원들이 주인 의식 없이 시키는 일만 하고, 퇴근 시간이 되면 사라진 다"는 것이다. 잡무를 처리하는 것도 팀장의 몫이 되는 경우가 빈번 해지고 있다. 이때 팀장에게 묻고 싶다. "팀원들이 주인 의식을 가 지고 주도적으로 일할 수 있도록 어떻게 지원하셨나요?" 이에 대해 명확한 답을 내놓는 경우는 드물다. 대부분 "직장인은 자율적으로 동기 부여를 해야 하는 것 아닌가?"라고 답하지만, 사실 팀원들이 자율적으로 움직일 수밖에 없는 힘이 존재한다. 이는 보이지 않지 만 실재하는 힘Unseen but real force으로, 사회학적 용어로는 사회적 사 실Social Fact이라 하고, 조직 문화 관점에서는 기본 가정Basic Assumption 이라고 할 수 있다. 그렇다면 조직 문화에서 말하는 '기본 가정'이 란 무엇인가?

표방하는 가치와 드러나는 현상 vs 조직의 기본 가정

조직 문화의 대가 에드거 샤인Edgar Schein은 기본 가정을 '우리 조직의 구성원이라면 당연히 이렇게 행동해야 한다'는 무의식적 신념으로 설명한다. 반면, 조직이 공식적으로 발표하는 비전, 미션, 핵심 가치 등은 표방하는 가치에 해당하며, 그보다 더 눈에 띄게 드러나는 것은 눈으로 보이는 공간이나 조직에서 겉으로 드러나는 행동의 집합인 인공물Artifacts, 즉 현상이다. 표방하는 가치와 드러나는 현상, 그리고 조직의 기본 가정이 일치하면 문제가 없지만, 불일치할 때 혼란이 발생한다. 예를 들어, 조직이 창의적인 시도를 장려한다고 말하면서도 실패를 용납하지 않는 분위기를 조성하면, 구성원들은 새로운 시도를 두려워하게 된다. 이로 인해 표면적으로는 자유롭게 도전하는 분위기라고 하지만, 실제로는 구성원이 도전을 꺼리는 분위기가 형성된다. 이러한 불일치는 팀 내에서 혼란을 일으키고 구성원의 성장을 저해할 수 있다.

이때 리더는 자신이 전달하는 메시지와 행동이 팀 내의 기본 가정과 일치하는지 점검해야 한다. 리더로서 표방하는 가치와 팀 내에서 실제로 작동하는 기본 가정이 일치하는지를 주기적으로 확인하고, 필요할 경우 팀의 규범을 바로잡는 노력이 필요하다.

테슬라의 'Anti-Handbook'과 기본 가정

테슬라는 전 세계에서 가장 혁신적인 기업 중 하나로 알려져 있지만, 그 운영 방식이나 문화는 쉽게 드러나지 않았다. 최근 애자일 프로젝트를 주도한 조 저스티스가 테슬라의 일하는 방식과 문화를 공개하면서, 'Anti-Handbook'이라는 독특한 문화 지침서가 주목받고 있다. 이 지침서는 불필요한 규정을 배제하고, 최소한의 원칙을 제시하며 테슬라의 기본 가정을 담고 있다. 이 Anti-Handbook의 핵심 내용은 다음과 같다.

1. 높은 기준과 신뢰High Standards and Trust

테슬라의 모든 구성원은 높은 기대 수준을 가지고 업무를 스스로 결정해야 한다. 매니저의 피드백을 기다리는 사람은 테슬라에 맞지 않는다. 높은 기준에 맞춘 정직한 피드백을 통해 모든 구성원이 문제 해결에 적극적으로 참여하게 한다. 이는 강력한 신뢰 문화를 형성하며, 기본 가정으로 자리잡는다.

2. 직접 소통Communication

테슬라의 직원들은 언제든지 상급자와 직접 소통할 수 있으며, 심지어 CEO인 일론 머스크와도 대화가 가능하다. 수직적 의사 결정 구조를 지양하고, 모든 구성원이 스스로 결정하고 소통하도록 권장하는 문화가 테슬라의 기본 가정이다.

3. 겸직 허용Outside Employment

테슬라는 겸직을 허용하며, 심지어 경쟁사에서 일하는 것도 허용한다. 이는 테슬라가 목표로 삼고 있는 전기차의 확산이라는 비전과 일치하며, 다른 기업들이 테슬라의 방식을 따를 것이라는 자신감에 기반한다.

4. 재미Fun

테슬라는 업무 속에서도 즐거움을 추구한다. 이는 공장 안에서도 예외가 아니다. 집중된 환경에서 일하지만, 동시에 재미를 추구하는 것이 테슬라의 중요한 지향점 중 하나다.

이 Anti-Handbook을 통해 테슬라의 문화 속에 내재된 몇 가지 중요한 기본 가정을 발견할 수 있다. 이는 높은 기준을 유지하고, 신뢰를 바탕으로 소통하며, 일 속에서 재미를 추구하는 것이다. 이처럼 조직의 보이지 않는 기본 가정을 발견하는 것은 변화와 성장을 위한 출발점이 된다. 리더는 팀 내에서 어떤 기본 가정이 흐르고 있는지 살펴봐야 한다. 팀의 시스템과 문화를 변화시키는 첫 단계는 바로 이 기본 가정을 발견하고 이해하는 것에서 시작된다. 지금 당신의 조직 아래 흐르는 기본 가정은 무엇인가?

스스로 책임지는 문화를 만들고 싶다면

최근 DRI^{Directly Responsible Individual}라는 개념이 주목받고 있다. DRI는 특정 업무의 전 과정을 책임지는 개인, 즉 최종 의사 결정권자를 의미한다. DRI의 핵심은 책임자에게 모든 권한을 부여하는 데 있다. 이를 통해 각 구성원은 자율적이고 주도적으로 자신의 역할을 수행하게 된다. 이는 회의에서 담당자를 명확히 정하지 않아 발생하는 혼란을 방지하고, 의사 결정 과정을 단순화하여 프로젝트의 성과를 높일 수 있게 한다.

DRI가 효과적으로 작동하려면 세 가지 요소가 필요하다. 결정,

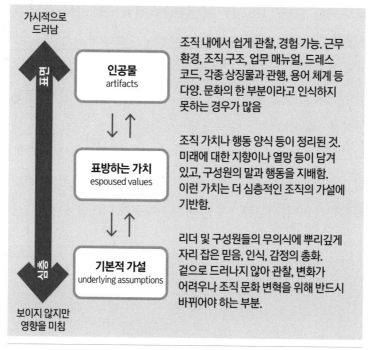

인공물
artifacts

조직 내에서 쉽게 관찰, 경험 가능. 근무 환경, 조직 구조, 업무 매뉴얼, 드레스 코드, 각종 상징물과 관행, 용어 체계 등 다양. 문화의 한 부분이라고 인식하지 못하는 경우가 많음

↓ ↑

표방하는 가치
espoused values

조직 가치나 행동 양식 등이 정리된 것. 미래에 대한 지향이나 열망 등이 담겨 있고, 구성원의 말과 행동을 지배함. 이런 가치는 더 심층적인 조직의 가설에 기반함.

↓ ↑

기본적 가설
underlying assumptions

리더 및 구성원들의 무의식에 뿌리깊게 자리 잡은 믿음, 인식, 감정의 총화. 겉으로 드러나지 않아 관찰, 변화가 어려우나 조직 문화 변혁을 위해 반드시 바뀌어야 하는 부분.

보이지 않지만
영향을 미침

조직 문화의 구조 – 에드거 샤인

실행, 그리고 책임이다. DRI는 해당 업무에 대한 결정을 내리고, 이를 실행하며, 최종 결과에 대한 책임을 진다. 이렇게 책임 소재가 명확해지면 팀 내 의사 결정이 신속하게 이루어지며, 성과 또한 극대화된다.

DRI 개념은 구성원들이 자신의 업무에 대해 더 큰 책임감을 느끼고, 주인 의식을 가지게 한다. 사람은 자신이 선택한 일에 더 몰입하게 된다. 따라서 DRI를 통해 팀원들이 자발적으로 책임을 맡고, 스스로 업무를 주도할 수 있게 만드는 것이 중요하다.

　결론적으로, 조직의 구성원들이 주도적으로 일하기를 기대한다면 구성원 스스로 책임을 지고 주도적으로 몰입할 수 있는 환경과 문화를 만들어야 한다. 이는 조직의 성과를 높이는 것은 물론, 구성원들의 만족도와 몰입도까지 향상시키는 강력한 도구가 될 것이다. 팀장이 주도하는 변화는 단순한 규정의 변경이 아닌, 문화의 변화를 끌어야 하며, 이를 통해 팀은 더 큰 성장을 이루게 될 것이다.

강점 기반 팀 성장 토대를 구축하라

강점

"리더가 된다는 것은 진정한 자기 자신이 된다는 것과 같다."

-워렌 베니스

왜 같은 업무를 하더라도 성과가 다른가?

두 명의 팀원에게 같은 업무를 부여했는데도 성과가 크게 다른 이유는 무엇일까? 그 답은 개인의 강점에서 찾을 수 있을지 모른다. 갤럽의 연구에 따르면, 자신의 강점을 알고 이를 바탕으로 일하는 직원은 몰입도가 높아지고, 그 결과 더 우수한 성과를 창출한다. 몰입도와 성과는 강점을 기반으로 할 때 극대화되며, 이는 조직이 목표를 달성하고 발전하기 위해 매우 중요한 요소이다.

강점이란 무엇인가?

강점은 단순히 잘하는 것 이상의 의미를 가진다. 강점은 개인이 몰입하고, 시간 가는 줄 모르게 집중할 수 있도록 만드는 능력이다. 누구나 자신의 고유한 재능과 강점이 있고, 그 강점에 따라 다른 사람과 차별화된다. 재능이 자연스럽게 느끼고 생각하고 행동하는 패턴이라면, 강점은 재능을 더 갈고 닦아서 생산적으로 사용하는 방식이다. 갤럽의 연구에 따르면 자신의 강점을 매일 업무에 활용하는 사람은 그렇지 않은 사람보다 업무 몰입도가 6배 더 높다. 그러나 현실에서 이처럼 강점을 활용하고 있는 사람은 17%에 불과하다. 강점을 충분히 인식하고 활용하는 것은 조직 내에서 성과와 몰입도의 큰 차이를 만들어 내며, 이를 통해 높은 생산성과 만족도를 얻을 수 있다.

오늘날 가장 많이 활용되고 있는 강점 진단 도구는 갤럽의 강점 진단인 클리프턴 스트렝스^{CliftonStrengths}이다. 갤럽 강점은 강점 기반

심리학의 아버지라 불리는 도널드 클리프턴 박사의 연구에서 시작되었으며, 클리프턴과 갤럽 연구팀은 약 40년에 걸쳐 다양한 분야에서 성공한 200만 명 이상을 대상으로 심층 인터뷰를 진행했다. 그 결과 이들은 성공한 사람들에게서 공통점을 발견했는데, 그것은 자신의 강점에 집중하고 이를 개발하는 것이었다. 이 연구를 통해 갤럽은 성공 이유를 34개의 강점으로 유형화하고 이를 진단 도구로 개발하였다.

클리프턴 스트렝스는 개인의 고유한 재능과 강점을 파악하고 이를 계발하는 데 도움을 준다. 이를 통해 우리는 자신의 잠재력을 최대한 발휘하고, 개인적, 직업적으로 성장할 수 있는 기회를 얻게 된다. 예를 들어, 클리프턴 박사는 그의 저서 〈위대한 나의 발견 강점 혁명〉에서, 관리자가 강점 중심으로 조직을 운영하면 조직 생산성이 12.5%, 수익성은 8.9% 증가할 수 있다고 설명한다. 또한, 직원이 강점 기반으로 일하는 경우 생산성은 7.8% 향상되고 이직률은 14.9% 감소한다고 보고했다.

또한 갤럽은 몰입도가 높은 조직은 수익성이 22%, 생산성이 21% 더 높으며 이직률이 65% 더 낮다는 연구 결과를 발표했다. 강점을 알고 이를 업무에 적극 활용할 줄 아는 사람이 업무 몰입도가 높아지는 것은 당연한 결과라 할 수 있다.

강점에 집중하는 조직 vs 단점에 집중하는 조직

강점에 집중하는 것과 단점에 집중하는 것의 차이를 이해하기 위해 간단한 실험을 해보자. 종이와 펜을 준비한 후, 먼저 자신이 주로 사용하는 손으로 이름을 10번 써본다. 이때 주로 사용하는 손은 익숙하기 때문에 빠르고 정확하게 이름을 쓸 수 있을 것이다. 또한 피로감도 거의 느끼지 않을 것이다. 이제 반대 손으로 이름을 10번 써보자. 평소에 잘 사용하지 않는 손으로 이름을 쓸 때는 더 많은 노력이 필요하고, 실수도 발생할 가능성이 높으며, 결과물 또한 기대에 미치지 못할 것이다

이 실험은 강점과 단점에 집중하는 것의 차이를 시사한다. 주로 사용하는 손처럼, 사람들은 자신이 잘하고 익숙한 영역, 즉 강점을 활용할 때 더 빠르고 정확하게 성과를 내고 몰입할 수 있다. 반면, 익숙하지 않은 손으로 작업할 때와 같이 단점을 보완하려 애쓸 때 더 많은 에너지를 소모하고 스트레스와 압박감을 느끼게 된다. 또한 결과물도 만족스럽지 않을 가능성이 높다.

많은 조직이 여전히 구성원의 단점을 보완하는 데 집중해야 한다고 생각한다. 치명적인 단점이 조직을 망가뜨릴 것이라는 우려 때문에 단점을 보완하는 데 많은 에너지를 쏟는 경우가 많다. 물론 단점을 '관리'하는 것은 필요하지만, 모든 에너지를 단점 보완에 쏟

다 보면 조직의 생산성과 몰입도를 저하시킬 수 있다. 실제로 단점에 집중할 경우 구성원은 자존감이 낮아지고 실패에 대한 두려움이 커져 도전 의지가 줄어들게 된다. 이는 결과적으로 조직 전체의 성과에도 부정적인 영향을 미칠 수 있다.

반대로, 강점에 집중하는 조직은 구성원들이 자신이 잘하는 일에 더욱 도전하도록 격려한다. 이러한 접근은 더 큰 자기 효능감을 제공하며, 실패에 대한 두려움 없이 도전할 수 있는 환경을 만든다. 강점을 기반으로 역할을 맡은 구성원들은 더 기꺼이 몰입하며 자신감을 가지고 업무를 수행한다. 강점 중심 조직은 자율성을 높이고, 협업과 신뢰를 기반으로 성과를 극대화할 수 있다. 강점이 자극되고 개발될 때, 구성원은 빠르게 성장하고 더 큰 만족감을 느끼며 조직과 함께 발전하게 된다.

케이스 스터디: 당신이 이 사람의 리더라면?

당신의 팀에서 최근 강점 진단을 기반으로 워크숍을 진행했다고 하자. 그중 한 팀원의 강점을 보며 고민에 빠졌다. 당신이 리더라면 이 팀원을 어떻게 리딩할 것인가?

팀원의 강점(갤럽 강점 기준) Top 5

① 최상화 Maximizer

- 최상화 강점은 장점을 극대화하고 잠재력을 발휘하도록 돕는 능력입니다.
- 강점이 잘 발현될 때, 우수한 결과를 추구하며, 개선에 열정을 보이고, 탁월함을 추구합니다.
- 반면, 미성숙하게 발현될 때, 지나치게 완벽을 고집하거나 세세한 부분에 집착하게 될 수 있습니다.

② 주도력 Command

- 주도력 강점은 자신감 있게 의견을 표명하고 다른 사람을 이끌어가는 능력입니다.
- 강점이 잘 발현될 때, 리더십을 발휘하여 명확한 방향을 제시하고, 결단력 있게 행동합니다.
- 반면, 미성숙하게 발현될 때, 강압적으로 보이거나 과도하게 지시하려는 경향이 생길 수 있습니다.

③ 미래 지향 Futuristic

- 미래 지향 강점은 미래를 상상하고 비전을 제시하는 능력입

니다.

- 강점이 잘 발현될 때, 혁신적인 아이디어로 영감을 제공하고, 미래 지향적인 목표를 설정합니다.
- 반면, 미성숙하게 발현될 때, 현실적이지 않은 아이디어에 치우치거나 실행력이 부족할 수 있습니다.

④ 존재감Significance

- 존재감 강점은 인정받고 의미 있는 성과를 이루고자 하는 동기입니다.
- 강점이 잘 발현될 때, 목표에 집중하며 탁월한 성과로 영향력을 발휘합니다.
- 반면, 미성숙하게 발현될 때, 과도하게 주목받기를 원하거나 자신의 성과만 강조할 수 있습니다.

⑤ 집중Focus

- 집중 강점은 목표를 향해 꾸준히 전진하는 능력입니다.
- 강점이 잘 발현될 때, 명확한 우선 순위 설정과 목표 지향적 행동을 보입니다.
- 반면, 미성숙하게 발현될 때, 융통성이 부족하거나 유연하지 못한 태도를 보일 수 있습니다.

⑥ 승부Competition, ⑦ 개별화Individualization, ⑧ 전략
Strategic, ⑨ 행동Activator, ⑩ 배움Learner

당신은 이런 강점을 가진 팀원에게 어떤 업무를 부여하고, 어떻게 동기 부여하여 역량을 발휘할 수 있도록 이끌 것인가?

나라면 세부적인 관리 업무보다는 크고 중요한 과업Task을 리딩하는 업무를 중심으로 맡길 것 같다. 최상화, 주도력, 집중이라는 강점을 가지고 있기에 본인이 맡은 일에 높은 기대 수준과 적극성을 가지고 업무를 추진할 것이고, 때로는 조직의 힘든 도전 과제를 풀어갈 수 있는 기회를 준다면 부담스러워하기보다 도전 의식에 불타오를 것이다. 커뮤니케이션 방식에서는 세부적인 관리적 방식Micro managing보다 주요 아웃풋을 사전에 합의하고, 주요 마일스톤(기획 방향 협의 – 중간 점검 – 사전 결과 보고 방향 협의 – 결과 보고서 리뷰 등)을 정하고, 합의한 내용 외에는 스스로 알아서 할 수 있도록 임파워먼트를 충분히 제공할 것이다. 팀원이 요청하면 언제라도 도울 준비를 하지만, 먼저 찾아오지 않는 한 추진 계획이나 진행 방식에 대해 충분한 권한과 기회를 부여하는 것이 도움이 될 것이다. 또한 최대한 본인이 주도적으로 참여하고자 하는 업무를 선택할 수 있는 기회를 주고, 기왕이면 임팩트가 큰 업무를 맡기는 것도 도움이 될 듯하다. 존재감이라는 강점은 본인이 의미를 느끼는 업무에 폭발적

인 집중력을 발휘하기 때문이다. 뿐만 아니라 내·외부의 성장 기회도 많이 제공하는 것이 도움이 된다. 10번째 강점인 배움은 스스로 새로운 깨달음을 찾고, 성장하고자 하는 자가 동기가 큰 사람에게 나타나는 강점이기 때문이다.

예상했을지 모르지만 위 내용은 바로 저자의 강점으로, 내가 가장 주도적으로 업무에 일할 수 있는 환경과 리더십을 정리해본 것이다. 나는 이 강점들을 가지고 스스로 주도적으로 업무를 추진할 때 가장 큰 성과를 만들었다. 리더가 주도권을 주지 않고, 세세하게 관리하거나 꼼꼼한 부분을 챙겨야 하는 업무를 부여받을 때는 큰 성과를 내지 못한 경우가 많았다. 세세하고 관리하는 리더십 스타일이 잘못되었다는 말은 결코 아니다. 위와 같은 강점을 가진 구성원에게는 스스로의 잠재력을 모두 발휘하기 힘든 상황으로 다가갈 수 있다는 점이다. 그렇다면 오히려 심사숙고, 정리, 분석, 수집과 같은 강점을 가진 구성원은 어떨까? 그들은 크고 중요한 업무를 맡을 때, 무척이나 부담을 가지는 경우가 많다. 누군가 앞에 서서 업무를 이끌어가기보다는 리더를 서포트하고, 체계적이며 분석적인 데이터를 정리해서 지원하는 역할을 할 때, 본인의 기량을 충분히 발휘한다. 이들에게 리더는 꼼꼼하고 체계적이며, 디테일한 부분을 발견하는 세심함이 더욱 필요할지도 모른다.

강점 기반으로 일하는 조직이 되려면?

강점을 기반으로 일하는 조직이 되기 위해서는 리더의 역할이 매우 중요하다. 첫째, 리더는 자신의 강점을 먼저 파악하고 이를 팀 운영과 의사 결정에 반영해야 한다. 팀 내에서 강점을 잘 활용할 수 있는 환경을 조성하는 것이 리더의 역할이다. 또한 본인의 부족한 부분을 보완해줄 강점을 가진 팀원을 가까이 두고, 이를 통해 시너지를 발휘할 수 있는 환경을 조성해야 한다.

둘째, 리더는 구성원의 강점을 파악하고, 그들이 그 강점을 발휘할 수 있는 역할과 기회를 제공해야 한다. 예를 들어, 분석적 사고가 뛰어난 팀원에게는 전략 분석 역할을, 사람 중심의 강점을 가진 팀원에게는 협력과 소통을 이끄는 역할을 부여해야 한다. 이러한 배치와 기회 제공은 구성원이 자신의 강점에 맞는 일을 하도록 하여 몰입과 성과를 극대화할 수 있게 한다.

마지막으로, 리더는 강점을 발휘할 수 있는 자율성과 임파워먼트를 제공해야 한다. 강점을 기반으로 한 임파워먼트는 구성원이 더욱 몰입하고 자발적으로 도전할 수 있는 환경을 조성하며, 조직의 성과를 한층 높일 수 있다. 이는 단순히 구성원의 강점을 인정하는 것을 넘어, 그들이 스스로 자신의 강점을 활용해 성장할 수 있는 기회를 제공하는 데 그 의미가 있다.

리더로서, 지금 조직이 강점 기반으로 운영되고 있는지 아니면 단점에 집중하고 있는지를 고민해 보자. 구성원의 강점을 얼마나 잘 파악하고 있는가? 그 강점을 어떻게 활용할 기회를 제공하고 있는가? 강점 기반 조직을 만들기 위한 노력은 리더로서 본인의 강점을 명확히 인식하고 활용하고 있는지부터 직시하는 데서 시작된다. 강점 기반 접근은 조직 내 몰입도를 높이고 성과를 향상시켜, 궁극적으로 조직의 지속 가능한 성장을 가능하게 한다.

사례:
대표 강점 진단 도구 소개

갤럽 CliftonStrength 강점 진단
코칭경영원 고현숙 대표

● 강점 진단 도구 소개

클리프턴 스트렝스^{CliftonStrengths}는 갤럽^{Gallup}에서 개발한 강점 진

단 도구로, 34가지 강점을 실행력 테마, 영향력 테마, 관계 형성 테마, 전략적 사고 테마의 네 가지 영역으로 분류하여 개인의 강점을 진단합니다. 각 테마는 실무 환경에서 강점이 발휘될 수 있는 방식을 예측하고, 구성원에게 적합한 역할을 배치하는 데 도움을 줍니다.

① **실행력 테마**Executing Theme: 목표 달성을 위해 실제로 행동하고 결과를 만들어내는 능력으로, 성취Achiever, 책임Responsibility, 신념Belief 등의 강점이 포함됩니다.

② **영향력 테마**Influencing Theme: 다른 사람에게 영향을 미치고 주도적인 역할을 수행하는 강점으로 팀 안에서의 연결을 만들고 촉진합니다. 커뮤니케이션Communication, 승부Competition, 사교성Woo 등이 여기에 속합니다.

③ **관계 형성 테마**Relationship Building Theme: 구성원 간 신뢰를 쌓고 협력하는 데 강점이 있는 사람들로 팀을 하나로 묶는 역할을 합니다. 공감Empathy, 화합Harmony, 포용Includer 등의 강점을 포함합니다.

④ **전략적 사고 테마**Strategic Thinking Theme: 장기적인 목표와 계획을 수립하고 분석하는 능력으로 목표를 위한 더 나은 선택을 하도록 돕습니다. 미래 지향Futuristic, 전략Strategic, 배움Learner 등이 속합니다.

실행력

실행 영역에서 압도적인 강점을 가진 리더는 **일을 실현하는 방법**을 잘 알고 있습니다. 솔루션을 구현할 사람이 필요할 때 이들은 솔루션을 **완수하기 위해 지칠 줄 모르고 노력**할 사람들입니다. 실행에 강점을 가진 리더는 **아이디어를 '포착'하고 이를 현실화할 수 있는 능력**이 있습니다.

성취	정리	신념	공정성	심사숙고	체계	집중	책임	복구

영향력

영향력을 발휘하여 리더십을 발휘하는 사람들은 **팀이 훨씬 더 많은 사람들에게 다가갈 수 있도록 돕습니다.** 이 영역에서 강점을 가진 사람들은 항상 **조직 안팎에서 팀의 아이디어를 판매**합니다. **책임감을 갖고 목소리를 내고 팀의 의견을 전달할 사람**이 필요하다면 영향력을 발휘할 수 있는 사람을 찾아보세요.

행동	주도력	커뮤니케이션	승부	최상화	자기확신	존재감	사교성

대인 관계 구축

관계 구축을 통해 팀을 이끄는 사람은 **팀을 하나로 묶는 필수적인 접착제**입니다. 팀에 이러한 강점이 없으면 많은 경우 그룹은 단순히 개인들의 잡합체에 불과합니다. 반면, 관계 구축에 탁월한 강점을 가진 리더는 **각 부분의 합보다 훨씬 큰 그룹과 조직을 만들 수 있는 특별한 능력**을 가지고 있습니다.

적응	연결성	개발	공감	화합	포용	개별화	긍정	절친

전략적 사고

전략적 사고에 강점이 있는 리더는 우리 모두가 **가능한 일에 집중할 수 있도록 하는 사람**입니다. 이들은 끊임없이 정보를 흡수하고 분석하여 **팀이 더 나은 결정을 내릴 수 있도록 돕습니다.** 이 영역에 강점을 가진 사람들은 미래에 대한 우리의 사고를 끊임없이 확장합니다.

분석	회고	미래지향	발상	수집	지적사고	배움	전략

CliftonStrengths는 이러한 테마를 통해 개인이 자신의 강점을 이해하고 이를 통해 팀과 조직에 어떻게 기여할 수 있는지를 보여줍니다. 이를 통해 구성원의 역할 배치를 최적화하고, 조직의 성과와 성장을 촉진하는 데 기여합니다.

●진단 활용

갤럽 CliftonStrengths는 개인과 조직 차원에서 다양한 방식으로 활용됩니다.

개인 차원에서는, 각 구성원이 자신의 강점을 인식하고 이에 기반한 일하는 방식을 최적화할 수 있도록 돕습니다. 이를 통해 구성원은 자신의 강점을 바탕으로 몰입하여 일하고, 주도적으로 커리어를 개발할 수 있습니다.

조직 차원에서는 진단 결과를 통해 팀과 부서의 강점 분포를 시각화하여, 각 구성원의 강점에 맞는 역할을 배정하고 프로젝트 특성에 맞는 인재 배치를 할 수 있습니다. 특히 강점 분포를 직관적으로 확인 가능한 팀 그리드를 활용하면 팀의 강점이 어디에 집중되어 있는지, 빈곳은 어디인지를 확인하여 전략적으로 집중해야 할 강점 영역을 발견할 수 있습니다.

이를 통해 팀은 각 테마에 맞는 강점을 가진 인재를 최적의 위치

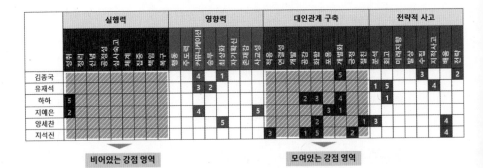

비어있는 강점 영역　　　　모여있는 강점 영역

A팀의 팀 그리드 예시

에 배치하여 구성원 간의 신뢰와 협업을 강화할 수 있는 환경을 조성할 수 있습니다. 또한, 강점이 부족한 영역을 파악해 보완할 인재 영입 전략을 세우거나 기존 구성원의 교육 및 개발 계획을 체계적으로 수립할 수 있습니다. 이러한 강점 기반 접근은 효율적인 업무 분배와 프로젝트 배치를 가능하게 하여, 몰입도와 성과를 극대화할 수 있는 기반을 마련해 줍니다.

갤럽 CliftonStrengths 강점 진단에 대해 더 알고 싶다면 오른쪽 QR코드를 이용하기 바랍니다.

CoreStrength SDI 2.0 업무 성향 진단
캐럿글로벌 김보균 대표

● 진단 도구 소개

'코어 스트렝스CoreStrengths SDI 2.0 업무 성향 진단'(이하 'SDI 2.0 진단')은 업무 관계의 질을 향상시키는 것을 목적으로 개인의 동기와 강점을 진단하는 도구입니다. SDI 2.0 진단은 관계 이론Relationship Theory 연구를 기반으로 1970년대에 개발되어 지금까지 약 500만 명의 누적 진단 데이터를 보유하고 있으며, 전 세계 7개 권역, 약 20개 언어를 기반으로 진단 서비스를 제공하고 있습니다. 특히 아마존, 애플, JP모건, 하버드대학교 등 글로벌 기업 및 조직들과 국내 대기업, 공공기관에서 선택한 신뢰 있는 진단입니다.

SDI 2.0 진단은 개인의 MVSMotivational Value System*를 통해 사람들이 갈등 상황에서 어떻게 반응하는지, 어떤 요소에 동기 부여를 받는지를 분석하여, 개인의 강점과 과용된 강점을 인식하고, 갈등 상황에서 효과적인 소통 방식을 찾을 수 있도록 도와줍니다. SDI 2.0 진단은 조직 내 GWRGreat Work Relationship** 구축을 목표로 설계된 진단

---

* 개인의 행동과 선택을 동기 부여하는 기본적인 가치와 우선 순위를 나타내는 시스템.
** 조직 내에서 생산적이고 신뢰할 수 있는 협력 관계를 구축하는 것을 목표로 하는 개념.

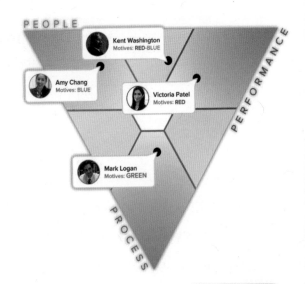

동기 Motives
행동의 밑바탕이 되는 원동력이자 목적
개인의 행동을 이끄는 근원적 이유를 3가지 요소로 제시합니다.
(사람 People / 성과 Performance / 절차 Process)

갈등 Conflict
갈등 상황에서 동기가 변화하며 나타나는 행동의 패턴
갈등이 고조됨에 따라 개인이 갈등을 해결하는 방식과 순서를 제시합니다.
(수용 Accommodate / 분석 Analyze / 주장 Assert)

강점 Strengths
개인의 핵심 동기가 생산적 의도에 의해 행동으로 표현되는 것
업무상에서의 28가지 강점을 제시, 관계, 상황 맥락에 따라 가변적이며
개인의 업무 특성으로 볼 수 있습니다.
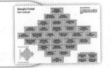

과용 강점 Overdone Strengths
긴장이나 갈등을 초래할 수 있는 지나친 강점의 활용
과용 강점을 인식하여 사람들과의 관계를 개선하고, 업무 효율성을 높이도록
인사이트를 제공합니다.
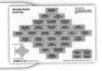

으로, 개인 외 조직 단위 진단, 조직의 역동성 및 누적 관리 시스템 등을 통해 기존의 개인 성향 진단 및 조직 진단의 한계를 보완하여, 조직 내 개인 간의 신뢰와 팀 시너지를 강화하는 데 기여합니다.

SDI 2.0이 진단하는 영역은 동기(개인 행동의 밑바탕이 되는 원동력), 갈등(갈등 상황에서 동기가 변화하며 나타나는 행동의 패턴 변화), 강점(개인의 핵심 동기가 생산적 의도에 의해 행동으로 변화되는 것), 과용 강점(긴장이나 갈등을 초래할 수 있는 지나친 강점의 활용)의 총 4가지 영역을 진단하여 자기 이해 외에도 타인과의 상호 작용에서의 효과적인 소통 방식 및 신뢰 구축을 지원하여 조직 내 협력적 환경을 조성합니다.

●진단 활용

SDI 2.0 진단은 모든 수준의 조직 구성원을 대상으로 하며, 특히 팀 간 협업과 갈등 관리가 중요한 조직에서 효과적입니다. 개인의 강점과 동기를 기반으로 개인 및 팀 관계를 분석하여, 긍정적인 소통과 상호 존중의 문화를 조성하고 팀워크를 강화함으로써 조직 문화 개선에도 기여합니다. 이를 통해 조직은 각 구성원이 강점을 최대로 발휘할 수 있는 환경을 조성할 수 있으며, 강점 기반의 효율적인 성과 관리와 개발 계획 수립을 돕습니다.

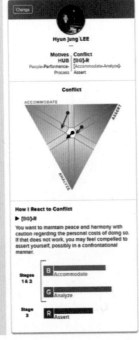

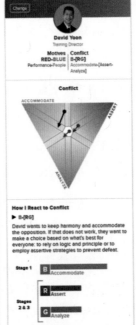

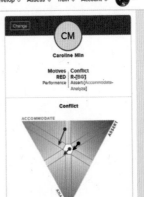

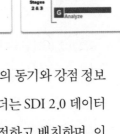

특히 신규 입사자 배치나 팀 구성 시, 구성원의 동기와 강점 정보를 바탕으로 최적의 팀 배치가 가능합니다. 리더는 SDI 2.0 데이터를 활용해 각 구성원의 성향에 맞춰 팀원을 선정하고 배치하며, 이를 통해 조직의 요구에 부합하는 인적 자원을 효과적으로 관리할 수 있습니다.

진단 후 제공되는 개인별 및 그룹 리포트와 팀 디브리핑 워크숍을 통해 구성원은 서로의 강점과 동기를 이해하며 강점 기반 조직으로 성장할 수 있는 방안을 모색합니다. 또한, SDI 2.0의 웹 및 모바일 플랫폼을 통해 팀원 전체의 강점과 동기 프로필을 한눈에 확인할 수 있으며, 갈등 상황이나 협업 상황에서 유용한 커뮤니케이션 팁을 제공받아 팀 내 소통과 협업을 한층 강화할 수 있습니다.

SDI 2.0 진단에 대해 더 알고 싶다면 오른쪽 QR코드를 이용하기 바랍니다.

심오피스 업무 강점 진단
아이티앤베이직 박정아 소장

● 진단 도구 소개

'심오피스Symoffice'는 2019년 HR TECH 스타트업 '아이티앤베이직'이 개발한 한국형 직장인 업무 성향 진단 솔루션입니다. Symphony(함께)와 Office(회사)를 결합해 '함께하는 회사'를 지향하

는 의미를 담고 있으며, 삼성전자, 네이버, 포스코, 우리은행 등 국내 주요 기업 약 600곳에서 7만여 명의 직장인이 진단을 완료했습니다(2024년 10월 기준). 심오피스는 개인의 타고난 기질이 아니라 조직에서 나타나는 '업무 성향'을 9가지 유형으로 분류해 쉽게 이해할 수 있도록 돕는 것이 특징입니다. 본인의 강점 유형을 기반으로 일하는 방식을 객관적으로 파악하고, 유형별 시너지 및 커뮤니케이션 가이드를 제공합니다. 특히 나와 동료 간의 업무 성향 차이를 파악해 갈등을 예방하고, 조직 전체의 성과를 높일 수 있는 방법을 제

시하는 솔루션입니다.

●진단 활용

업무 성향 진단은 신입 사원, 신규 입사자, 승진자들이 자신의
강점을 파악하고 구체적인 성장 방향을 설정할 수 있도록 돕습니

				NO	콘텐츠	사용자 ♦	부서(팀)	1순위	2순위	규칙	성과	주도	합계	친절	안전	평화	합계
⊞ 진단관리				87	진단 결과	이●●	운영기획팀	연구	안전	36	30	24	90	36	37	33	106
아이디 : hsymoffice 이름 : H사 관리자				86	진단 결과	박●●	교육운영2팀	친절	창조	35	39	39	113	41	32	27	100
로그아웃 / 나의 정보							고객행복팀	규칙	주도	36	33	36	105	32	35	27	94
진단 목록		부서별 그룹지정 및 관리					과정운영팀	안전	친절	33	32	28	93	33	36	27	96
진단 결과 목록				83	진단 결과	조●●	교육서비스본부	친절	규칙	38	37	37	112	45	24	27	96
· 부서(팀)별 ▾ · [전체 부서(팀)]		진단결과 다운로드		82	진단 결과			평화		36	22	17	75	38	43	39	120
· 교육서비스본부 · 교육운영1팀				81	진단 결과	이●●	교육운영1팀	친절	안전	35	33	33	101	42	41	34	117
· 교육운영2팀 · 과정운영팀 · 경영지원실 · 총무팀				80	진단 결과	최●●	운영기획팀	평화	연구	30	28	30	88	34	29	36	99

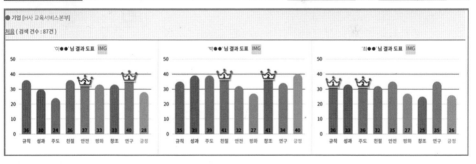

다. 리더와 팀, 조직을 대상으로 맞춤형 워크숍을 통해 구성원이 자신의 역할 기대 사항을 파악하고, 강점을 살려 일할 수 있도록 지원합니다. 또한, 이해 관계자와의 신뢰를 구축하기 위해 필요한 관계 및 소통 스킬을 익히고, 조직 차원에서 시너지를 높일 수 있는 실행 계획을 구체화할 수 있도록 합니다.

각각의 9가지 업무 성향 유형에 따른 리더십 스타일을 바탕으로 리더십 가이드북과 관리자용 사이트를 제공하며, 구성원의 업무 성향 결과지 다운로드, 부서/팀별 현황과 간단한 통계도 확인할 수 있습니다. 이뿐만 아니라 리더가 구성원의 성향별로 코칭할 수 있도록 업무 스타일, 커뮤니케이션 방식, 의사 결정 방법, 성과 관리 방법, 갈등 관리 및 자기 성장 전략 등 조직에서 실질적으로 활용 가능한 구체적인 가이드를 제공합니다.

심오피스 진단에 대해 더 알고 싶다면 오른쪽 QR코드를 이용하기 바랍니다.

조직적 학습을 통한
학습하는 조직 만들기

조직 학습

"21세기에 필요한 유일한 기술은 새로운 기술을 배우는 기술일 뿐이다. 그 외의 모든 것은 시간이 지나면 쓸모없어질 것이다."

-피터 드러커

왜 당장 성과에 도움이 안 되는 구성원의 학습을 지원해야 하는가?

어떤 리더들은 구성원이 당장 사용하지 못할 학습을 왜 해야 하는지 의문을 품는다. 지금 당장의 업무도 벅찬데, 미래를 위한 학습이 성과로 어떻게 이어질지 불확실하게 느껴지기 때문이다. 그러나 빠르게 변화하는 기술 환경 속에서 학습하지 않으면 조직은 도태될 수밖에 없다. 특히 생성형 AI와 같은 기술이 급속히 발전하는 오늘날, 구성원의 학습은 조직의 생존과 직결된다.

톨만Tolman의 잠재 학습latent learning 실험은 이와 관련하여 중요한 시사점을 제공한다. 톨만은 학습이 즉각적인 행동 변화로 드러나지 않더라도 잠재적으로 이루어지고 있음을 보여주었다. 그의 실험에서 쥐를 세 그룹으로 나누어 미로를 통과하는 실험을 진행했다.

첫 번째 그룹은 매번 미로를 통과할 때마다 보상을 받았고, 빠르게 학습하며 미로를 통과하는 능력을 키웠다.

두 번째 그룹은 보상을 받지 않았다. 이 그룹은 학습 속도가 느렸고, 동기 부족으로 인해 미로를 통과하는 속도가 더뎠다.

세 번째 그룹은 실험 중반에 보상을 받았다. 이 그룹은 초기에는 두 번째 그룹과 유사한 학습 속도를 보였지만, 보상이 주어지자 빠르게 학습이 진전되어 첫 번째 그룹과 유사한 성과를 보였다.

이 실험은 세 가지 중요한 시사점을 제공한다. 첫째, 잠재적 학습은 구성원이 당장 보상을 받지 않더라도 계속해서 이루어지고 있다는 점이다. 둘째, 적절한 동기나 환경이 주어지면 학습이 빠르게 발현될 수 있다. 셋째, 즉각적인 성과로 드러나지 않더라도 장기적인 학습 투자가 미래의 변화에 대비하는 데 중요하다는 사실을 보여준다. 즉, 학습은 시간이 흐르며 성과로 나타난다.

조직 학습과 학습 조직? 같은 것 아니에요?

리더들은 종종 학습 조직이라는 개념을 구성원의 개인 학습과 동일시한다. 그러나 학습 조직은 개인의 학습을 넘어 조직 전체가 학습하는 체질을 갖추는 것을 의미한다. 조직이 지속적으로 학습하고, 그 학습을 통해 변화에 적응하는 능력을 기르는 것이 학습 조직의 본질이다.

오늘날 조직 환경은 매우 빠르게 변하고 있다. 기술 발전과 환경 변화에 신속히 반응하지 않으면 조직은 경쟁력을 잃게 된다. 최신 기술이 빠르게 도입되면서 구성원 개개인의 학습만으로는 이러한 변화에 대응하기 어렵다. 조직 차원의 학습을 통해 조직이 변화에 유연하게 대응할 수 있도록 해야 한다.

학습 조직이 되기 위해서는?

1. 자발적으로 학습하는 구조와 환경을 조성하라

구성원들이 스스로 학습에 몰입하고 그 결과가 조직의 성과로 이어지도록 하는 환경을 조성해야 한다. 단순히 교육 프로그램을 제공하는 것만으로는 부족하다. 조직은 구성원이 자발적으로 학습하고, 배운 것을 실제 업무에 적용할 수 있는 문화와 구조를 만들어야 한다. 리더는 구성원들에게 학습의 중요성을 인식시키고, 함께 성장하는 기쁨과 보람을 공유하며 지속적으로 도전할 수 있는 환경을 제공해야 한다.

2. 학습과 성과를 연계하라

학습은 성과로 이어져야 한다. 학습한 내용을 실제로 적용할 기회를 제공하고, 성과 평가와 피드백을 통해 학습의 중요성을 강조해야 한다. 특히 학습을 기획할 때 실제 업무에 어떻게 적용할 수 있을지에 대한 고민이 함께 포함되어야 한다. 학습 후 성과를 분석하고 피드백을 주고받는 과정이 필요하다. 학습이 성과로 연결될 때 구성원들은 학습의 가치를 더욱 실감하게 된다.

3. 협업과 지식 공유 시스템을 강화하라

팀 간 협업을 장려하고 지식이 자유롭게 공유될 수 있는 구조를 만들어야 한다. 구성원들이 습득한 지식은 개인에게만 머무르는 것이 아니라 조직 전체로 전달되어야 한다. 지식 공유 세션이나 정기적인 회의를 통해 서로의 학습 결과를 나누고, 이를 바탕으로 문제를 해결하는 문화를 형성하는 것이 중요하다.

조직 내 프로젝트 결과를 체계적으로 축적할 수 있는 지식 관리 시스템Knowledge Management도 필요하다. 이는 최종 결과 보고서뿐 아니라 기획서, 참고 자료, 회의록, 데이터 파일 등 지식이 생성되는 모든 과정을 누적할 수 있는 공간이다. 쉽게 말해 팀 클라우드와 같은 아카이빙 공간이다. 지식 관리 시스템은 조직의 학습이 지속적으로 이루어지고, 필요한 구성원이 언제든지 접근할 수 있도록 지원해야 한다. 이를 통해 새로운 지식이 빠르게 조직 전반에 걸쳐 활용되며, 조직의 학습 역량을 점진적으로 축적하는 역할을 한다.

미래를 위한 학습 투자는 선택이 아닌 필수

급변하는 환경에서 경쟁력을 유지하려면 구성원의 학습을 장기적인 전략으로 지원하는 것이 필수적이다. 지금 당장 성과에 직결되지 않더라도, 오늘의 학습은 미래의 변화에 대비하는 조직의 자산이 될 것이다. '학습 조직'이 되기 위해 리더는 학습을 권장하고 그 가치를 인식하도록 도와야 한다. 조직의 성공은 단순한 교육 프로그램이 아닌, 학습이 성과로 이어지는 환경과 지속적으로 성장할 수 있는 기회에서 비롯된다.

결국, 21세기에 조직이 생존하고 성장하려면 지속적인 학습과 성장이 필수다. 피터 드러커의 말처럼, 새로운 기술을 배우는 능력이 조직의 미래를 좌우한다. 리더는 구성원들의 학습이 단기 성과를 넘어 장기적인 경쟁력으로 이어질 수 있도록 꾸준히 지원하고 방향을 제시해야 한다. 학습에 투자하는 조직만이 빠르게 변화하는 시대에서 살아남고 발전할 수 있다.

조직이 경력 개발을 위한 사다리가 되어줄 수 있다면

경력 개발

경력 개발은 스스로 하는 것 아니에요?

많은 경우 경력 개발은 개인이 스스로 해결해야 할 문제로 여겨지기 쉽다. 구성원이 스스로 학습하고, 네트워킹을 통해 기회를 찾아 몸값을 올리는 것을 경력 개발이라고 생각하는 경향이 있다. 하지만 경력 개발career development은 인적 자원 개발HRD의 3대 축 중 하나로, 단순한 개인적 활동이 아니라 조직 차원의 중요한 이슈다. 급변하는 사회와 기술의 발전 속에서 조직 차원의 경력 개발에 대한 관심이 늘어나고 있으며, 이는 개인의 성장이 곧 조직의 성과로 연결되기 때문이다.

경력 개발이 조직 차원의 이슈인 이유는, 구성원의 성장이 곧 조직의 성과와 직결되기 때문이다. 구성원이 지금 맡고 있는 업무에서 쌓이는 전문성과 그 전문성을 바탕으로 다음 단계로 나아가는 일련의 과정은 개인과 조직 모두에게 중요한 문제다. 이 과정이 조직 내에서 잘 관리되지 않으면 구성원들의 이탈로 이어지게 된다. 따라서 경력 개발은 단순히 개인의 몫이 아니라, 조직 차원에서 반드시 고려해야 할 요소이며, 이를 위해 팀장들이 중요한 역할을 해야 한다. 팀장은 구성원의 경력 경로에 대한 가시성을 높여주고, 필요할 때 적절한 기회를 제공해야 한다.

팀원이 경력을 개발해서 이직하면 어쩌죠?

많은 리더들이 구성원의 경력 개발에 대해 고민할 때 가장 많이 우려하는 것이 구성원의 이탈이다. 경력 개발을 통해 직원의 몸값이 오르면, 결국 더 좋은 조건의 회사로 떠나지 않을까 하는 걱정이다. 그러나 "구더기 무서워 장 못 담근다"는 속담처럼, 이 걱정 때문에 경력 개발을 방치하는 것은 바람직하지 않다. 떠날 사람은 어떻게든 떠나고, 남을 사람은 남는다. 중요한 것은 경력 개발을 통해 구성원이 조직에 몰입하고, 성과를 내며, 또 다른 기회를 제공받는 선순환을 만드는 것이다. 핵심 인재가 언제든 떠날 준비가 되어 있더라도, 조직에 남아 있어야 할 이유를 제공하는 것이야말로 리더가 해야 할 일이다.

경력 개발을 어떻게 도와줘야 할까?

1. 기회의 경로에 대한 가시성 제공

경력 개발을 위해 구성원이 어떤 경로로 경력을 발전시킬 수 있는지 명확하게 보여주는 것이 중요하다. 팀장은 구성원들과 정기적인 1:1 면담을 통해 그들의 목표를 파악하고, 그에 맞는 경로를 제시해야 한다. 예를 들어, 특정 프로젝트에 참여하거나 새로운 역할을 맡는 것이 어떻게 경력에 도움이 될지 구체적으로 설명하는 것이 필요하다. 또한, 조직 내에서 롤모델을 만들어 후배들이 "나도 저렇게 성장할 수 있겠구나"라는 생각을 하도록 권장하는 것이 중요하다. 후배들이 팀 내에서 직접 성장하는 선배의 모습을 보는 것만큼 효과적인 경력 개발 방법은 없다.

이와 함께, 팀장이 경력 개발에 진심으로 관심을 기울이는 태도가 중요하다. 단순히 기회만 제공하는 것이 아니라, 팀원이 성장할 수 있도록 적극적으로 지원하고 그 과정을 함께 고민하며 이끌어야 한다. 이 과정에서 팀장은 구성원의 성장을 지원하고 그 성취를 격려하는 리더로서 팀원들과 긴밀하게 소통해야 한다.

2. 자발적 학습 기회 제공 및 새로운 도전 권장

구성원이 스스로 학습할 수 있는 기회를 충분히 제공하는 것도 중요하다. Z세대를 포함한 많은 구성원들은 자발적인 성장을 원하고, 이를 통해 동기를 얻는다. 팀장은 이를 위해 외부 세미나 참석, 교육 프로그램 수강, 내부 프로젝트 참여 등 다양한 학습 기회를 마련해야 한다. 더불어, 새로운 도전 기회를 권장하고 지지하는 리더의 역할이 중요하다. 필요하다면 구성원이 학습과 도전을 하는 과정에서 다른 사람들과의 연결 고리가 되어주는 것도 효과적이다. 예를 들어, 내부 전문가와의 네트워킹을 통해 그들의 성장을 도울 수 있는 방안을 모색할 수 있다.

3. 직무 확대와 역할 전환 기회 제공

구성원이 현재 맡고 있는 역할에서 더 나아가 새로운 도전을 할 수 있도록 직무 확대와 역할 전환 기회를 제공하는 것도 경력 개발의 중요한 요소다. 팀장은 구성원이 새로운 업무를 두려워하지 않도록 격려하고, 그 과정에서 일시적인 저성장기를 겪더라도 용인해야 한다. 이는 단기적인 성과에 대한 부담을 덜어주고 장기적인 성장을 지원하는 리더의 중요한 역할이다. 예를 들어, 내부 공모제를 통해 새로운 프로젝트에 도전할 기회를 제공하거나 팀 내에서 다른 역할을 맡아보도록 하는 것은 구성원의 성장을 돕는 좋은 방법이다.

결국, 경력 개발은 조직이 바라는 인재를 지속적으로 확보하고 육성하는 것뿐만 아니라, 구성원의 성취동기를 자극해 조직과 개인의 성과를 동시에 극대화하는 데 목적이 있다. 리더가 이 과정을 얼마나 적극적으로 지원하고, 관심을 갖는지가 성공의 핵심이다.

조직 차원의 커리어 개발 플랫폼 my Career(SK그룹)

SK그룹 마이써니 전봉민 부사장, 장활훈 팀장

경력 개발은 더 이상 단순한 개인의 책임 영역이 아닌 조직의 전략적 과제로 자리 잡고 있다. 구성원의 성장은 조직의 성과와 직결되며, 이를 체계적으로 지원하지 않으면 인재 유출과 경쟁력 저하로 이어질 수 있기 때문이다. SK그룹은 이러한 경력 개발의 중요성을 인식하고, 구성원의 자율적 성장과 주도적인 경력 설계를 돕기 위해 'my Career'라는 스킬 기반 커리어 플랫폼을 도입하였다. 이는 '사람에 대한 투자에 SK의 미래가 달려 있다'는 철학을 실현하며, 조직 차원에서 구성원의 성장과 몰입을 지원하는 혁신적 사례로 주목받고 있다.

my Career는 구성원의 경력 개발을 지원하기 위해 데이터와 AI를 활용해 경력 설계의 가시성을 높이고, 자율적이고 체계적인 성장 환경을 제공하고자 한다. 이를 통해 구성원은 개인의 성장을 주도하면서도 조직의 목표와 조화를 이루는 성과를 창출할 수 있다. 아래는 SK그룹의 my Career가 조직 차원에서 경력 개발을 실현하는 구체적인 방식을 설명한다.

1. 데이터 기반 스킬 프로필 제공: 커리어 프로파일

커리어 프로필Career Profile은 구성원의 HR 데이터를 AI가 자동으로 분석하여 스킬 정보를 추출하고, 이를 바탕으로 개인의 스킬 프로필을 생성해주는 기능이다. 이 기능은 구성원이 가지고 있는 전공, 부서, 업무, 프로젝트 이력 등 다양한 비정형 정보를 분석해 유의미한 스킬 프로필로 전환한다. 예를 들어, 컴퓨터공학을 전공한 소프트웨어 엔지니어의 경우 단순히 '개발'이라는 범주를 넘어서, 웹이나 모바일 개발 등 구체적인 기술 역량과 프로젝트 매니저(PM) 경력 등을 포함해 세부적인 스킬로 전환한다.

또한, 외부 채용 공고와 연봉 정보 수십만 건을 크롤링해 시장에서 요구하는 스킬 수준, 연봉 상승에 유의미한 스킬 등을 제시함으로써, 구성원이 본인의 커리어를 객관적으로 평가하고 향후 준비해야 할 부분을 명확히 이해할 수 있는 출발점을 제공한다. 이로써 구성원들은 보다 전략적으로 경력 개발 계획을 수립하고, 시장에서의 경쟁력을 갖추기 위한 준비를 효율적으로 시작할 수 있게 된다.

2. AI 기반으로 체계적인 커리어 개발을 지원하는 커리어 플래너

커리어 플래너Career Planner는 구성원이 보유한 스킬을 기반으로 도전할 수 있는 다양한 커리어 경로를 추천하며, 해당 경로에 필요한 학습이나 자격증도 함께 제안한다. 직무와 학습 과정 등의 데이터는 회사 내부 콘텐츠를 우선적으로 활용하며, 외부의 콘텐츠도 포함해 AI를 통해 제공한다. 이 기능을 통해 구성원이 스스로 경력을 설계하고 학습과 역량 개발을 통해 자기 주도적인 성장이 이루어질 수 있도록 지원하며, 이를 자동화하는 것이 특징이다.

이러한 접근은 단순히 경로를 제시하는 것에 그치지 않고, 구성원이 조직 내외의 다양한 자원을 활용해 스스로 성장할 수 있는 환경을 마련해준다. 조직은 이를 통해 구성원의 성장을 촉진하고, 장기적으로는 조직의 목표와 맞물린 성과를 창출하는 선순환 구조를 만들어간다.

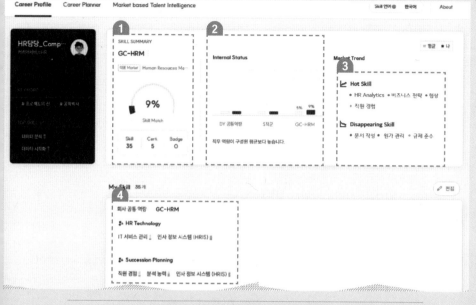

❶ 현재 수행 업무와 보유 스킬의 매치율
❷ 회사 내 동일 업무 수행자와 스킬 수준 비교
❸ 내 직무에서 떠오르는 스킬과 사라지는 스킬 정보 제공
❹ 상세 스킬 정보 제공

3. 코칭과 피드백을 통한 성장을 지원하는 커리어 코치

커리어 코치Career Coach 기능은 구성원의 성장 데이터를 분석해 리더나 전문가와의 피드백 세션을 통해 경력 설계를 구체화하도록 돕는다. 이 기능은 단순히 데이터를 제공하는 것에 그치지 않고, 구성

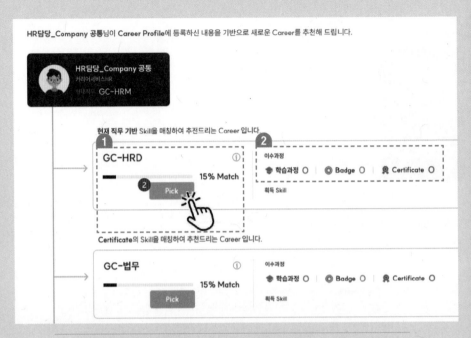

HR담당_Company 공통님이 Career Profile에 등록하신 내용을 기반으로 새로운 Career를 추천해 드립니다.

HR담당_Company 공통
커리어서비스HR
GC-HRM

현재 직무 기반 Skill을 매칭하여 추천드리는 Career 입니다.
GC-HRD   ⓘ   15% Match   Pick
이수과정   ● 학습과정 ○   ◉ Badge ○   ◈ Certificate ○
획득 Skill

Certificate의 Skill을 매칭하여 추천드리는 Career 입니다.
GC-법무   ⓘ   15% Match   Pick
이수과정   ● 학습과정 ○   ◉ Badge ○   ◈ Certificate ○
획득 Skill

❶ 커리어 골과 현재 진척도 ❷ 커리어 개발을 위한 학습과 Activity 제공

원과 리더 간의 협력을 통해 실질적인 성장 방향을 논의하고 실행할 수 있도록 한다. 이를 통해 구성원은 자신의 경력을 주도적으로 설계하고 업무에 몰입하게 되며, 전문성과 시장 가치를 높일 수 있다.

이와 동시에 조직은 이러한 과정을 통해 인재의 역량 수준을 높이고, 구성원이 주도적으로 변화와 성장을 만들어갈 수 있는 토대를 마련한다. 조직 차원의 커리어 개발 기회를 제공함으로써 구성원들은 새로운 역할과 도전을 경험할 수 있는 기회를 얻고, 조직은

Learning Path mySUNI에서 Skill 향상을 위한 Learning Path를 추천해 드립니다. ○ Learning Path 추천 다시 받기

🎓 **학습과정** (5)

Lv.3	Lv.1	Lv.1	Lv.1
[Course 2. 분할 전략의 성공적인 의사결정을 위한 재무⋯	황이석 교수의 Financial Acumen _ 하편(Section⋯	게임으로 경험하는 두려움 없는 조직	변화하는 행복의 조건
• 재무 회계 • 의사결정	• 관리 • 구매 • 의사결정	• 커뮤니케이션 • 리더십	• 동기 부여 리더십 • 직원 몰입도
• 비즈니스 전략 • 기업 재무	• 비즈니스 전략 • 전략적 사고	• 직원 몰입도 • 게임플레이	• 금속 배선

🏅 **Certificate** (4)

코치인증자격	정보처리기사 1급	정보처리기사 2급	품질경영기사
한국코치협회	한국산업인력공단	한국산업인력관리공단	한국산업인력공단

스킬 프로필에 등록된 경력, 스킬, 학습 이력 등을 종합하여 교육 과정과
자격증 취득 과정을 체계적으로 추천

지속적인 변화와 성장을 만들어내는 동력을 얻는다.

조직 차원의 새로운 경력 개발 모델 제시

SK그룹의 my Career는 단순히 구성원의 역량 강화를 위한 시스템이 아니라, 조직과 구성원이 함께 성장하는 새로운 경력 개발 모델을 제시한다. 이 플랫폼은 데이터 기반의 객관적 경력 설계를 가

  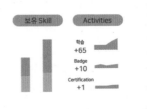

Career Profile	Career Planner	Career Coach

- 나의 업무 경험과 이력을 Skill로 분석/추천
  - Skill Profile에 정보가 입력될 수록 더 많은 Career 가능성/기회 제안

- 직무/Skill 기반 다양한 Career 경로 및 Learning 자동 추천
  - 직무 수행에 필요한 Skill 수준 분석
  - 자기 주도 학습 Planning 지원

- Career 및 Skill 성장을 지속 관리
  - 나의 Growth Report 제공
  - Career 개발을 위한 1on1 지원
  - 보유 Skill에 대한 리더 피드백/Assess

능하게 하고, 구성원의 자율성을 강화함으로써 몰입과 성과를 극대화한다.

특히 SK그룹의 시도는 조직 차원에서 경력 개발을 바라보는 새로운 기준을 제시한다. 이는 단순히 인재 유출을 방지하려는 소극적 접근이 아니라, 구성원이 조직 내에서 자신의 가치를 실현하며 성장할 수 있는 환경을 제공함으로써, 개인과 조직 모두가 성공할 수 있는 선순환 구조를 만들어낸다. 빠르게 변화하는 HR 환경 속에서, SK그룹의 이러한 시도는 기업이 구성원과의 관계를 재정의하고 지속 가능한 성장을 위한 기반을 다지는 데 중요한 방향성을 제시한다.

링커십이
충만하게 하라

링커십

"왜 링커십인가?"

현대 조직에서는 변화의 속도와 복잡성이 급격히 증가하면서, 이제는 리더 한 사람의 역량만으로 모든 문제를 해결하기가 점점 더 어려워지고 있다. 기술 발전과 정보 과잉, 글로벌 시장의 확대로 인해 조직 내 여러 구성원이 각자의 전문성을 발휘해야 할 필요성이 커지고 있다. 이처럼 복잡한 환경에서 중요한 것은 개별적으로 흩어진 지식과 정보를 모으고, 이를 유기적으로 연결해 조직 차원의 성과로 전환하는 일이다. 바로 이때 필요한 개념이 '링커십 Linkership'이다.

조직 목표를 달성하기 위해서는 구성원이 단순히 개인의 전문성을 강화하는 데 그치지 않고, 각자의 지식과 정보를 효과적으로 연결해 시너지를 창출해야 한다. 개개인의 역량이 유기적으로 연결되고 다양한 역할과 책임이 조화롭게 조율될 때, 비로소 복잡한 문제를 해결하고 지속적인 조직 성과를 창출할 수 있다. 그동안 팔로워십이나 중간관리자의 중요성이 강조되어 왔으나, 이러한 개념만으로는 급변하는 현대 환경에 충분히 대응하기 어렵다. 이 때문에 새롭게 주목받고 있는 개념이 바로 '링커십'이다.

링커십이란 무엇인가?

서울대 조태준 교수와 인천대 장재연 박사는 '링커십'이라는 개념을 정의하고 관련 연구를 진행해왔다. 링커십은 단순한 리더십이나 코칭과는 다른 개념으로, 조직 내에서 다양한 역할을 연결하고 상호 작용을 촉진하며, 문제 해결을 위한 네트워크를 구축하는 능력을 의미한다. 즉, 팀장이나 공식 리더가 아니더라도 조직 내에서 중요한 정보를 연결하고 필요한 사람들을 엮어 조직이 유기적으로 작동하도록 돕는 역량을 말한다. 링커십은 크게 세 가지 영역으로 나눌 수 있다. 전략적 링커십, 관계적 링커십, 정보적 링커십이다.

1. 전략적 링커십

전략적 링커십은 조직 상부의 비전과 목표를 구성원에게 명확히 전달하고, 동시에 구성원의 요구와 피드백을 경영진에게 전달하는 양방향 커뮤니케이션 역할이다. 이를 통해 구성원은 조직의 목표와 방향성을 명확히 이해하고, 자신의 업무가 어떻게 조직 전체에 기여하는지 알 수 있다. 또한 경영진은 구성원의 어려움과 제안을 반영해 유연하게 조직을 운영할 수 있다.

2. 관계적 링커십

관계적 링커십은 구성원 간 협력과 소통을 촉진하고 갈등을 조율하는 역할이다. 팀 내 의견 충돌이나 감정적인 갈등을 해소하여, 생산성을 높이고 협력 문화를 구축하는 데 중요한 역할을 한다. 관계적 링커십을 통해 조직 내 불필요한 마찰을 줄이고 협업을 활성화하여 조직 전체의 성과를 향상시킬 수 있다.

3. 정보적 링커십

정보적 링커십은 필요한 정보와 지식을 적재적소에 제공하는 역할을 의미한다. 정보의 양이 급증하는 시대에 구성원이 필요한 정보를 신속하게 찾고 활용하는 것이 매우 중요하다. 링커십 역량을 가진 구성원은 정보를 적절히 분배하고 필요한 사람과 연결함으로써 지식의 흐름을 원활하게 만든다.

링커십이 조직 내에서 효과적으로 발휘되면, 조직은 개인 역량을 뛰어넘어 전체의 시너지를 극대화할 수 있다. 예를 들어, 팀 내에서 중요한 정보가 필요한 시점에 적절한 사람에게 연결되고, 활발한 상호 작용이 이루어질 경우 이는 개별 구성원의 역량 강화에 그치지 않고 조직 전체의 성과로 이어진다. 조직의 핵심 포스트에 링커십 역량을 가진 구성원을 적재적소에 배치하면, 복잡한 문제 해결과 성과 창출이 한층 더 효과적으로 이루어질 수 있다.

조직의 주요 포스트에 링커를 적재적소에 배치하라

링커십을 가진 구성원은 조직 내 다양한 역할에서 그 역량을 발휘할 수 있다. 팀장은 구성원의 링커십 역량을 파악하고, 각자가 맡은 역할에서 이 역량을 충분히 발휘할 수 있도록 지원해야 한다. 예를 들어, 구성원에게 공식적인 권한을 부여하거나 비공식적으로 링커십 역할을 수행할 수 있는 환경을 조성하는 것이 필요하다. 중요한 것은 구성원이 자발적으로 링커십을 발휘하도록 권장하고, 그 역할이 조직의 성과에 직접적으로 기여하고 있음을 인정받도록 하는 것이다.

무엇보다 조직 내에서 이러한 링커십이 성과에 반영될 수 있는 구조를 고민하는 것도 중요하다. 예를 들어, 전략적 의사 결정에 참여하거나, 정보적 연결을 통해 혁신을 촉진하는 구성원이 정당한 평가를 받을 수 있도록 체계화된 시스템을 구축하는 것이 도움이 된다.

또한, 팀장으로서 중요한 것은 조직 내에 롤모델을 제시하는 일이다. 후배 구성원이 성장하여 자신의 롤모델처럼 되고자 하는 모습을 직접 목격할 수 있을 때, 그들은 더욱 적극적으로 경력 개발에 몰두하게 된다. 이처럼 링커십을 발휘하는 선배의 성공 사례를 통해 후배들이 동기 부여를 받을 수 있다면, 조직 내 경력 개발과 성과 향상 모두를 동시에 달성할 수 있다. 조직의 구석구석에 링커십이 충만하게 하라.

링커십 진단 설문 항목

조태준 교수 및 장재연 박사 개발

전략적 링커십

1. 나는 조직 상부가 가지고 있는 비전을 조직원들에게 전달한다.

2. 나는 내가 들은 고객의 요구 및 불만 사항을 조직 상부에 전달한다.

3. 나는 조직원들의 요구 및 불만 사항을 조직 상부에 전달한다.

4. 나는 상위 미팅 참가 시, 미팅 내용을 조직원들에게 전달한다.

5. 나는 조직원들의 의견 및 아이디어를 조직 상부에 전달한다.

관계적 링커십

1. 나는 도움 또는 지원이 필요한 조직원들을 알아차리고 도와주려고 노력한다.

2. 나는 조직원들 간 갈등이 발생했을 때, 이를 중재하고 해결하고자 노력한다.

3. 나는 조직원들에게 업무에 필요한 인적 네트워크를 형성할 수 있도록 연결해 준다.

4. 나는 조직원들이 상호 작용할 수 있는 자리를 마련한다.

5. 나는 주기적인 모임을 형성하여 인적 네트워크를 관리한다.

정보적 링커십

1. 나는 SNS, 그룹채팅(e.g., 카카오 단체톡) 등과 같은 플랫폼을 활용하여 업무와 관련된 정보 및 메시지를 공유한다.

2. 내가 가지고 있는 지식과 노하우를 조직원들에게 공유한다.

3. 나는 회사 내에 필요한 자원(인적/물적)에 대하여 정보를 공유한다.

4. 나는 조직원들의 아이디어를 유관부서 사람들과 공유한다.

5. 나는 유익한 정보를 발견 시, 조직원들과 공유한다.

6. 나는 경쟁사들의 전략과 업계의 동향을 조직원들과 공유한다.

정강욱 대표, 리얼워크, 〈가르치지 말고 배우게 하라〉 저자

Q **간단한 자기 소개를 부탁드립니다.**

저는 조직 개발 컨설팅 회사 리얼워크 대표 정강욱입니다.

리얼워크는 '진짜 문제 함께 풀어가는 것'을 정체성으로 삼고 있습니다. 여기서 '진짜 문제'란 반드시 해결해야 하는 중요한 문제를 의미하고, '함께'란 고객사와 한 팀으로, 또 리얼워크가 하나의 팀으로 문제를 푼다는 뜻입니다. 이렇게 하지 않으면 못 풀거든요.

특히 다양한 기업들과 협업하며 쌓은 경험을 바탕으로, 각 조직의 고유한 맥락과 필요에 맞춘 창의적인 조직 개발 전략과 솔루션을 제공하는 '실제 작동하는 컨설팅'에 주력하고 있습니다. Real로 Working하게 만들어야 Realwork 이니까요.

Q **성장하고자 하는 리더와 조직을 돕는 일을 하고 계신데, 주로 어떤 영역의 조직 개발을 진행하고, 어떤 형태로 협업하시는지 공유해 주실 수 있을까요?**

현업 조직 개발을 거칠게 설명한다면 조직의 3가지 힘을 키우는 것으로 볼 수 있습니다. 저희는 그 것을 AAA로 부르기도 하는데

요. 바로 Alignment(바라보는 힘), Assimilation(뭉치는 힘), Achievement(헤쳐나가는 힘)입니다.

Alignment(바라보는 힘)은 조직 구성원들이 같은 비전과 목표를 공유하고, 일하는 방식과 기준이 일관되게 정렬되도록 하는 힘입니다. 프로젝트로 보자면 전사 차원의 Mission, Vision, Core Value, Code of Conduct를 만들고 구성원들이 이것을 잘 소화하도록 돕는 프로젝트죠. 산출물을 만드는 것도 중요하지만, 이것이 구성원들에게 잘 스며들어 행동으로 이어지게 하는 것이 진짜 도전입니다. 창의적인 전략과 솔루션이 필요한 부분이지요.

Assimilation(뭉치는 힘)은 구성원들 간의 연결과 친밀감을 통해 협력을 강화하고, 서로를 지원하는 분위기를 조성하여 팀워크를 강화하는 힘입니다. 주로 팀 단위 워크숍에서 다루며, 특히 새로운 리더가 부임했거나 다수의 신규 멤버가 합류한 팀 혹은 갈등 수준이 높은 팀들과 중점적으로 진행합니다. 이 시간에는 각자의 일하는 스타일, 강점과 약점, 의사 소통 방식, 의사 결정 방식 등을 공유하고 이해하는 것이 매우 효과적입니다. 결국 더 나은 협업을 위한 시간이니까요.

Achievement(헤쳐나가는 힘)은 목표 달성을 방해하는 비효율을 제거하고 장애물을 극복하는 방법을 찾는 힘입니다. 이를 위해 경영진을 중심으로 조직 문화 개선을 위한 심층 논의를 진행하거나,

팀장을 중심으로 팀원들과 함께 팀워크의 장애 요인을 찾고 그것을 풀 방법을 도출하기도 합니다. 이때는 표면적인 원인보다 더 깊게 들어가서 근본 원인을 다루는 솔루션 도출이 핵심이며, 특히 부서나 팀 내에서 해결하기 어려운 문제들이 정리하여 경영진과 공유할 수 있는 채널을 미리 구축하는 것도 도움이 됩니다.

이러한 활동은 외부 전문가와 내부 전문가의 긴밀한 협업으로 진행되어야만 실제적인 변화에 다가갈 수 있습니다. 또한 데이터 기반으로 진행되어야 그 결과를 입증할 수 있고요.

Q **가장 기억에 남는 팀 성장 프로젝트에 대해 공유해 주실 수 있을까요? 의미있는 성과는 무엇이었고, 성공하게 된 요인은 무엇이었나요?**

한 기업과 약 2년에 걸쳐 진행했던 조직 개발 프로젝트가 특히 기억에 남습니다. 회사의 핵심 가치가 현장에서 실제로 구현되도록 변화 관리 활동을 진행한 프로젝트였습니다.

팀장님과 팀원들 간의 긴밀한 소통을 통해 각 팀이 핵심 가치에 기반한 팀 그라운드 룰을 수립하도록 지원했고, 맞춤형 팀 진단 도구를 활용한 별도의 리더십 교육도 병행했습니다. 이후에는 팀별 회고 미팅 위한 친절한 자료를 제공하고, 팀별 우수 사례를 파악하여 공유하기도 했습니다. 조직 내에 피드백 시스템이 돌아가도록 한 것이죠.

최종적으로 팀별 그라운드룰의 실행률이 약 84%에 달해 담당자와 함께 큰 보람을 느꼈습니다. 물론 이것도 하나의 과정이었지만요.

이 프로젝트의 성공 요인은 자율적 참여, 지속적 피드백, 경영진의 지원, 담당자의 사명감 정도로 정리할 수 있을 것 같습니다. 특히 조직 개발은 구성원의 자발성에서 출발해야 지속 가능한 변화의 동력을 확보할 수 있습니다. 강제성에서 출발하면 결국 '형식적인 참여'로 그치고 오히려 조직 변화에 냉소를 낳게 되더라고요. 조직 개발 담당자에겐 '어떻게 구성원들의 자발적 참여를 끌어낼 것인가'가 핵심 과제라고 할 수 있죠.

Q **성장하고자 하는 조직과 리더가 일회성의 이벤트가 아닌 자발적인 변화를 계속 이어가기 위해 필요한 것이 무엇일까요?**

이 질문을 보니 변화의 목적과 방향성, 제도와 체계, 리더의 솔선수범 등 다양한 요소들이 떠오르네요. 하지만 딱 한 가지를 꼽자면 '경영진의 의지와 지원'입니다. 조직 개발에 '원샷 원킬'은 없습니다. 경영진의 의지와 지원이 있어야 조직 개발이 장기적 관점에서 일관된 방향성을 가지고 진행 될 수 있습니다.

한가지를 더 추가할 수 있다면 '데이터 기반의 조직 개발'입니다.

객관적인 현황 파악뿐 아니라 경영진과 구성원의 공감대를 형성하고, 조직 개발 인터벤션의 효과성을 측정하고 검증하기 위해 데이터는 필수적인 요소니까요.

Q **마지막으로 남기고 싶은 말씀은?**

조직 개발러 분들, 진짜 문제를 함께 풀어갑시다! 어렵지만 참 가치로운 일이니까요!

PART 5

급변하는
시대,
팀장이
마주한
새로운 도전

리더가 처한 현실

급변하는 사회와 조직 변화의 충격들

"세상에서 변하지 않는 것은 한 가지뿐이다. 그것은 세상이 끊임없이 변한다는 사실뿐이다."

-그리스 철학자 헤라클레이토스

기술, 사회, 조직의 소용돌이 안에서

세상은 하루가 다르게 빠르게 변화하고 있다. 생성형 AI와 같은 신기술은 놀라운 속도로 발전하고 있으며, 그 속도에 적응하지 못하는 순간 뒤처지기 쉽다. 우리는 기술의 변화 속에서 무엇을 준비해야 할지 모른 채 당혹스러움을 느끼며 뒤따라가는 것만으로도 버거운 순간이 많다. 새롭게 등장한 기술들은 기존의 직무를 대체하거나, 전혀 새로운 직무를 창출하며 조직의 변화를 강요하고 있다.

사회적 변화도 혼란스럽기는 마찬가지다. 전 세계적으로 러시아-우크라이나 전쟁, 이스라엘과 하마스의 갈등, 그리고 급격한 인플레이션과 유가 변동은 우리의 일상에 구체적인 영향을 미치고 있다. 매일같이 들려오는 전쟁 소식과 경제적 불안 속에서 우리 역시 미래에 대한 불확실성에 불안감을 느끼고 있다. 글로벌 경제가 긴밀히 연결된 오늘날, 어느 한 곳에서 일어난 충격은 곧바로 우리의 조직과 일상에 영향을 미친다. 이런 거대한 흐름 속에서 우리는 무엇을 해야 할까?

조직 내부 역시 변화의 소용돌이 속에 있다. 이제 MZ세대가 주류로 자리잡고 있으며, 이들은 기존 세대와는 다른 조직관을 가지고 있다. 개인의 삶을 중요시하고, 리더의 자리를 거부하는 경향이 강하다. "너 그러다 팀장 된다"라는 농담이 통용될 정도로 리더십에 대한 부담감이 커지고 있다. 애자일^{Agile}과 같은 유연한 조직 구조가 도입되면서, 팀장은 매 순간 변화에 맞춰 리더십을 발휘해야 하는 새로운 도전에 직면하고 있다. 이런 혼란 속에서 리더들은 어떻게 조직을 이끌어가야 할지 막막함 또한 커지고 있다.

변화의 속도를 따라가기 위해서는?

　이러한 리더는 어떻게 조직을 이끌어야 할까? 그 실마리를 영국의 타비스톡 인관관계 연구소에서 제시한 '사회-기술 시스템 이론'에서 찾을 수 있다.

　이 이론은 급격한 변화의 시기에 기술적 시스템(기술 변화, 물적 자원, 업무 형태) 뿐만 아니라 사회적 시스템(구성원의 인식과 심리 상태)을 함께 살펴야 한다는 점을 강조한다. 급변하는 시기에는 종종 기술만을 중심으로 효율성에 초점을 맞추고, 구성원들의 심리적, 사회적 필요를 간과하는 경우가 많다. 하지만, 사회적 시스템이 간과되면 결국 변화는 조직 안의 사람들에 의해 실행되기 때문에 성공적인 변화로 이어지기 어렵다

　오늘날 빠르게 발전하고 있는 디지털 전환과 AI 기술의 도입은 기술적 시스템의 대표적인 예다. 기술은 점점 더 복잡해지고, 이를 통해 효율성을 극대화하려는 시도는 끊이지 않는다. 하지만, 이러한 기술적 변화 속에서 구성원들의 심리 상태와 인식은 그 속도를 따라가기 어려운 경우가 많다. 이는 마치 인디언의 '말타기' 습관처럼, 빠르게 달려온 말이 내 몸을 데려왔지만 내 영혼이 따라오지 못했을 때 잠시 멈춰 영혼을 기다리는 과정과 같다. 오늘날 조직은 빠르게 기술의 변화를 도입하지만, 그 속에서 조직의 영혼, 즉 구성원

들의 인식과 심리를 충분히 고려하지 않으면 오히려 조직의 성장이 저해될 수 있다

따라서 공동 최적화Joint Optimization 과정이 필요하다. 이는 기술 시스템과 사회 시스템을 균형 있게 최적화하는 것을 의미한다. 조직이 신기술과 새로운 시스템을 도입하는 과정에서, 그에 맞춘 구성원의 인식과 변화 관리가 동시에 이루어져야 한다는 것이다. 리더는 구성원들과 함께 소통하고 그들이 변화를 적극적으로 수용할 수 있도록 동기를 부여해야 한다. 기술이 아무리 빠르게 발전하더라도, 구성원들이 그 변화를 수용하고 적용하지 않는다면 그 기술은 제대로 활용되지 못한다.

이러한 공동 최적화를 이끄는 역할은 리더십과 조직 개발에 있다. 리더는 변화의 촉진자이자 지원자로서, 기술과 사람의 균형을 맞추며 조직을 안정화해야 한다. 앞으로 다가올 혼란 속에서도 리더는 변화를 두려워하지 않고, 이를 주도하며 새로운 길을 개척해야 한다.

혹시 아는가? 누구도 가보지 않은 길이지만 리더 스스로가 문제를 인식하고 변화에 강한 조직Changeable Team을 만들 때 위기Crisis가 기회Chance로 바뀔지도.

생성형 AI의 시대

리더의 새로운 역할 및 AI와의 협업 형태는?

AI 관리자가 등장했다

캐나다 밴쿠버의 한나 라우마는 83명의 직원을 관리하는 선임 매니저로, 지속적인 관리 업무와 문제 해결로 인해 극심한 스트레스를 겪고 있었다. 특히 팀원들 간 발생하는 갈등과 새로운 고객을 맞이할 때마다 불안감이 커지면서, 관리자 역할에 대한 열정도 점점 사라져 갔다. 하지만 AI 관리자 '인스피라Inspira'를 도입한 후 그녀의 업무 환경은 급격히 달라졌다.

AI 관리자는 팀의 관리자 역할을 맡아 업무 스케줄 관리, 업무량 계획, 시간 기록 체크, 마감일 상기 등의 역할을 자동화했다. 또한 AI는 실시간으로 업무 관련 질문에 답변하고, 팀의 모든 진행 상황을 자동 업데이트하며, 팀원들이 더욱 효율적으로 업무를 처리할 수 있도록 지원했다. 라우마는 "AI 덕분에 스트레스가 줄고, 직원들이 더 빠르고 생산적으로 일할 수 있었다"며 만족감을 드러냈다. "이제 진심으로 내 수명이 늘어난 기분"이라고 말하며 AI 관리자 도입의 긍정적인 변화를 강조했다.

이 실험은 AI 관리자, 인간 관리자, 그리고 AI와 인간 관리자가 협력하는 세 그룹으로 나뉘어 진행되었다. 결과적으로 AI 관리자 단독 팀의 근무일 계획 성공률은 44%, 정시 출근 성공률은 42%로, 인간 관리자 팀과 유사한 성과를 보였다. 그러나 AI와 인간 관리자가 협력한 팀에서는 근무일 계획 성공률이 72%, 정시 출근 성공률이 46%로 더 높은 성과를 기록했다. 이는 AI와 인간 관리자가 상호 보완적 역할을 수행할 때, 단독 관리보다 더 뛰어난 성과를 낼 수 있음을 시사한다.

생성형 AI의 도래: 무엇이 달라지고 있는가?

최근 AI 기술이 급속도로 발전하면서, 조직의 운영 방식에도 큰 변화를 가져오고 있다. 특히 생성형 AI는 인간의 인지와 사고 과정을 모방해 지식 노동의 많은 부분을 대체할 수 있을 정도로 발전했다. 이는 조직이 기존의 비즈니스 모델을 재고하고, 새로운 기술에 빠르게 적응해야 한다는 과제를 안겨준다. 맥킨지McKinsey는 생성형 AI가 비즈니스 활동의 약 50%를 예상보다 빠르게 변화시킬 것이라고 예측하며, 이는 조직 설계와 리더십의 역할에도 큰 변화를 요구한다.

AI에 대한 두 가지 상반된 관점이 존재한다. 첫 번째 관점은 AI가 관리적 역할을 대체할 수 있다는 기대다. AI는 성과 평가, 목표 설정, 스케줄 관리 등의 데이터 중심 업무를 자동화해, 팀장이 일상적인 관리 업무에서 벗어나 창의적이고 전략적인 업무에 집중할 기회를 제공한다. 이는 리더의 역할을 재정의하며, AI와 리더가 리더십 발휘의 영역을 세분화하고 나누어 감당한다는 관점이다.

반면, 두 번째 관점은 AI가 대체할 수 없는 영역, 즉 인간적 리더십의 요소를 강조한다. 감정적 지지, 복잡한 인간 관계 관리, 갈등 해결 등은 여전히 인간 리더의 몫이다. AI는 데이터를 분석하고 의사 결정을 지원하는 데 탁월하지만, 사람들의 감정을 이해하고 다루는 데에는 한계가 있다. AI는 인간의 의사 결정을 도울 수는 있어도, 인간 관계에서 신뢰를 구축하는 복잡한 사회적 과정을 대신할 수 없다. 따라서 AI에게 리더십의 영역은 대체 불가능의 영역이라 말한다. 이 두 관점은 리더십에 대한 논의를 확장시키며, AI와의 협업을 조정하는 동시에 전략적 리더십을 발휘해야 한다는 결론에 이르게 한다.

AI와 인간의 협업에서 리더가 해야 할 역할

첫째, 팀장은 AI와 인간의 협력을 조정하는 중재자 역할을 해야 한다. AI는 데이터를 제공하며 의사 결정을 지원할 수 있지만, 이를 효율적으로 활용하는 것은 인간 리더의 역할이다. 리더는 AI가 제공하는 데이터와 분석을 인간 팀원들이 쉽게 이해하고, 이를 통해 성과를 높일 수 있도록 커뮤니케이션 환경을 조성해야 한다.

둘째, 감정적 지지와 비전 제시는 AI가 할 수 없는 영역이다. AI는 데이터를 처리하는 데 탁월하지만, 팀원들이 느끼는 불안이나 심리적 요인을 관리하는 것은 여전히 인간 리더의 책임이다. 팀장은 팀원들이 자신들의 역할을 명확히 인식하고, 조직의 비전 속에서 자신의 업무가 어떤 의미를 가지는지 이해할 수 있도록 지원해야 한다.

셋째, AI와 협업할 수 있는 학습 환경을 제공해야 한다. AI는 빠르게 발전하는 기술을 기반으로 팀원들이 지속적으로 학습하고 발전할 수 있는 기회를 제공한다. 팀장은 이러한 학습 환경을 조성하고, 팀원들이 AI와 협력할 수 있는 능력을 배양할 수 있도록 도와주는 촉진자 역할을 맡아야 한다.

AI 리더십이 필요한 순간

AI의 시대는 리더십의 변화를 요구하고 있다. AI는 효율적인 데이터 처리와 업무 자동화를 통해 팀의 성과를 높이는 도구로 자리 잡았지만, 인간 리더는 여전히 창의성과 감정적 지원을 통해 팀을 이끌어야 한다. 기술의 발전은 팀장이 더 높은 수준의 전략적 리더십을 발휘할 수 있는 기회를 제공하며, 팀장들은 AI와 협력하여 조직을 더욱 민첩하고 창의적인 방향으로 이끌어야 한다. AI와 인간 리더의 협력이 조직의 성과를 극대화하는 열쇠가 될 것이다.

데이터 기반이라는
말의 무게감

데이터 드리븐 리더십

"그래서 이 리더십 교육의 성과를 어떻게 측정할 수 있나요? ROI가 나옵니까?"

"디지털 역량을 어떻게 평가할 수 있나요? KPI로 뭘 보면 알 수 있죠?"

"이제부터는 감이나 경험 대신, 데이터를 기반으로 보고하고 지시하세요."

이러한 질문은 요즘 많은 리더들이 직면하는 현실이다. 디지털 트랜스포메이션이 기업의 필수 과제로 떠오르면서, CEO와 임원들은 데이터를 기반으로 한 리포팅을 요구하고, 구성원들 역시 데이터를 활용한 역량을 갖춰야 한다. 데이터는 더 이상 부가적인 요소가 아니라, '기업이 성장하기 위해 필요한 제2의 언어'(가트너Gartner)로 불리고 있으며, 이코노미스트는 10년 후 직장인의 절반이 데이터 분석가와 같은 역할을 수행하게 될 것이라고 예측하고 있다.

하지만 리더의 입장에서 '데이터 기반'이라는 개념은 여전히 어렵고 추상적일 수 있다. 수많은 데이터가 쏟아져 나오지만, 이를 어떻게 분석하고 성과에 적용할지에 대한 명확한 방향을 제시받지 못하는 경우가 많다. 데이터의 중요성은 충분히 인식하지만, 현실적으로 무엇을 어떻게 해야 할지 막막한 것이 많은 리더들의 현재 상황이다. 이런 맥락에서 피플 애널리틱스People Analytics라는 개념을 이해하는 것은 도움이 될 수 있다.

피플 애널리틱스와 데이터 기반 의사 결정의 대두

최근 HR 분야에서는 피플 애널리틱스가 화두로 떠오르고 있다. 피플 애널리틱스는 조직 내 성과, 이직률, 직원 몰입도를 데이터 기반으로 분석하여 더 나은 의사 결정을 내리는 방식이다. 이는 채용, 성과 평가, 이직 예측 등에서 데이터를 근거로 한 인재 관리 전략을 수립하는 데 도움이 된다. HRD 영역에서는 학습 효과성 평가와 교육 프로그램 최적화를 통해 더 효율적인 조직 운영을 지원할 수 있다.

피플 애널리틱스는 성과 데이터, 근태 기록, 교육 이력 등 다양한 데이터를 활용하여 우수 인재를 확보하거나 유지하고, 조직의 효과성을 높이는 데 기여한다. 리더는 이러한 데이터를 근거로 객관적인 증거를 바탕으로 의사 결정을 내리며, 이를 통해 리더십의 질을 높일 수 있다. 특히 성과 관리에서 구성원의 몰입도를 실시간으로 분석하고, 이를 바탕으로 맞춤형 피드백과 보상을 제공할 수 있다.

피플 애널리틱스 데이터 활용 영역

1. 채용과 인재 유지

피플 애널리틱스를 통해 핵심 인재 이탈 방지 시스템을 구축할 수 있다. 이는 다양한 채용 데이터, 교육 이수 현황, 연봉, 통근 거리 등의 데이터를 분석하여 이직 위험이 높은 핵심 인재를 미리 파

악하고, 그들을 위한 맞춤형 경력 개발 프로그램을 제공하는 방식
이다.

2. 성과 관리

성과 관리는 피플 애널리틱스를 통해 더욱 정교하게 이루어진
다. 성과 예측 모델을 구축하여, 구성원이 특정 조건에서 성과를 낼
가능성을 예측하고, 이 데이터를 바탕으로 보상, 승진, 배치 등의 결
정을 내릴 수 있다. 이를 통해 구성원의 강점과 약점을 명확히 파악
하고, 개선이 필요한 영역을 발견하여 더욱 효율적인 성과 관리를
할 수 있다.

3. 학습 및 교육 프로그램 최적화

피플 애널리틱스를 통해 학습 데이터를 분석하여 교육 프로그램
의 효과성을 평가하고, 맞춤형 교육을 제공할 수 있다. 학습자가 학
습 관리 시스템LMS을 얼마나 자주 사용하고 있는지, 직무와 경력 연
차에 맞춰 개인 맞춤화된 학습 콘텐츠를 추천하여 학습 효과를 높
이는 방향으로 활용할 수 있다.

4. 조직 내 협업과 네트워크 분석

피플 애널리틱스를 통해 협업 툴의 사용 빈도를 분석하여 협업의 효율성을 진단할 수 있다. 네트워크 분석을 통해 구성원 간 의사소통과 정보 흐름이 어떻게 이루어지는지 파악하고, 이를 바탕으로 조직의 효율성을 높이는 전략을 수립할 수 있다.

리더는 데이터를 활용해 무엇을 할 것인가?

리즈 대학의 이재진 교수는 저서 〈비즈니스 파트너, HR 어낼리틱스〉에서 데이터 기반의 비즈니스 문제 해결을 위해 다음과 같은 3가지 주요 사항을 제시한다.

첫째, 문제 정의의 중요성이다. 데이터를 분석하기 전에, 조직에서 해결하고자 하는 문제가 무엇인지를 명확하게 정의하는 것이 우선이다. 리더가 할 수 있는 가장 중요한 역할은 바로 이 문제 정의 과정이다. 문제가 명확해야 해결할 수 있는 방법과 가설도 자연스럽게 도출되기 때문이다.

둘째, 적용 가능한 데이터를 민감하게 찾는 역량은 갈수록 더욱 중요해질 능력이다. 리더가 모든 분석을 할 필요는 없지만, 조직 내에서 분석할 수 있는 HR 데이터, 업무 로그 데이터, VoE 데이터 등을 확인하고, 그것을 분석 가능한 형태로 준비하는 것이 필요하다. 이러한 과정에서 도메인 지식을 활용해 데이터를 구조화하고 분석할 수 있도록 만드는 것이 리더의 역할이다.

셋째, 가설 설정이 필수적이다. 데이터 분석은 가설을 기반으로 이루어진다. 리더는 현장 문제를 가장 잘 이해하고 있으므로, 문제를 해결할 수 있는 예상 시나리오를 설정하는 데 중요한 역할을 해야 한다. 이 가설이 명확할수록 더 나은 데이터 분석 결과를 도출할 수 있다.

리더는 무엇을 해야 하는가?

1. 작은 실험부터 시작한다

데이터 분석을 시작할 때 완벽한 시스템을 구축할 필요는 없다. 작은 데이터로 간단한 실험부터 시작하는 것이 중요하다. 예를 들어, 팀 내에서 간단한 문제를 정의하고 그 문제를 해결하기 위한 데이터를 모아 작은 성공 사례small win를 만들어보는 것이다. 이러한 성공 경험은 팀의 자신감을 키우고, 더 큰 문제를 다룰 수 있는 능력을 배양할 수 있다.

2. 데이터로 문제를 구체화한다

팀에서 활용할 수 있는 데이터를 찾고, 그 데이터를 바탕으로 문제를 구체화하는 것이 필요하다. 데이터가 구체화되면 그 데이터를 통해 문제를 해결할 가설을 세우고, 이를 통해 데이터를 수집하여 실제 적용 가능한 분석을 수행할 수 있다. 이 과정에서 팀원들과 논의를 통해 더 명확한 가설과 해결책이 도출되며, 반복적인 적용을 통해 데이터가 문제 해결에 어떤 도움을 줄 수 있는지에 대한 인사이트를 얻게 된다.

3. 동기 부여된 구성원을 발굴하고 지원한다

리더가 직접 모든 데이터를 분석할 필요는 없다. 하지만 팀 내에 데이터 분석에 관심 있는 구성원을 발굴하는 것이 중요하다. 많은 경우 이런 구성원들은 하고 싶어도 시간과 자원 부족으로 도전을 망설이는 경우가 많다. 리더는 이들을 발굴하고, 그들에게 기회와 자원을 제공해야 한다. 충분한 지원을 받는 구성원은 점차 팀의 데이터 분석을 주도할 수 있는 중요한 인재로 성장할 것이다. 이들이 팀의 성장을 이끌고 데이터를 기반으로 의사 결정을 지원하는 중요한 역할을 하게 될 것이다.

데이터와 리더십의 균형

피플 애널리틱스는 조직과 구성원의 성장을 지원하는 데 강력한 도구가 될 수 있다. 그러나 단순히 데이터를 수집하는 것만으로는 충분하지 않다. 데이터를 통해 성과를 예측하고 개선할 수 있는 가설을 세우고, 이를 근거로 효율적인 성장 전략을 마련하는 것이 핵심이다.

리더는 수치 이상의 통찰을 통해 조직의 성과를 극대화하고, 구성원의 잠재력을 끌어내는 역할을 해야 한다. 데이터 기반 접근에는 어려움이 있을 수 있지만, 리더는 데이터를 해석하고 연결하여 조직의 성장과 성공을 위한 도구로 활용해야 한다.

데이터 기반이란 거창한 개념이 아니다. 주변에 흩어져 있는 데이터를 실제 업무와 연결하여 인사이트를 도출하는 것이 핵심이다. 또한 핵심 지표를 구체화하여 결과나 효과성을 측정하고 평가할 수 있는 체계를 구축하는 것 역시 리더의 역할이다. 데이터를 단순한

숫자로 남겨두지 않고, 이를 통해 조직의 성장을 끌어낼 수 있도록
실질적인 도구로 활용해야 한다.

피플애널리틱스 적용 사례

| 사례 1 | **IBM의 직원 이탈 예측 분석**

IBM은 피플 애널리틱스를 활용해 직원 이탈을 사전에 예측하는 모델을 개발했다. 특히 이직률이 높은 직무에서 이탈을 방지하기 위해 IBM은 다양한 데이터를 분석하여 퇴사 가능성이 높은 직원을 선별하는 예측 모델을 구축했다. 이를 통해 IBM은 직원들의 퇴사 위험을 미리 파악하고, 맞춤형 대책을 제공하여 이탈을 방지할 수 있었다.

●데이터 분석 방식

IBM은 직원 이탈과 관련된 다양한 데이터를 내부 시스템에서 수집했다. 채용 정보, 급여, 근태 기록, 성과 평가, 직원 만족도 등의 폭넓은 데이터를 활용하여, 직원들이 이탈할 가능성에 영향을 미치는 요인들을 종합적으로 분석했다. 데이터는 물리적 요인뿐만 아니라 직원의 직무 몰입도, 성과 평가와 같은 심리적 요인도 포함되었다.

●변수 선정 및 예측 모델 구축

초기에는 약 35개의 다양한 변수를 분석 대상으로 삼았으며, 머신러닝 모델을 통해 각 변수들의 상관 관계를 분석하여 직원 이탈 예측 모델을 완성했다. IBM은 나이, 출퇴근 거리, 교육 수준, 직무 만족도, 업무 환경 만족도와 같은 주요 변수들이 직원 이탈에 미치는 영향을 파악하기 위해 여러 데이터 분석 방법론을 적용했다. 이 과정에서 직원 개별 변인들이 이탈 가능성에 어떤 영향을 미치는지 상관 관계를 분석했으며, 머신러닝 알고리즘을 통해 최적의 예측 모델을 구축했다.

● 모델 적용 및 예측

예측 모델이 완성되면, 새로운 직원 데이터를 입력해 해당 직원의 이탈 가능성을 예측하는 방식으로 활용된다. 예를 들어, 최근 승진 기회를 놓친 직원이나 초과 근무가 빈번한 직원이 이탈 가능성이 높다는 결과가 도출되면, 이들을 대상으로 맞춤형 경력 개발 프로그램이나 근무 조건 개선을 제안할 수 있다. 이와 같은 방식으로 IBM은 직원 개별 데이터를 바탕으로 이탈 가능성을 사전에 예측하고 적절한 조치를 취함으로써 조직 내 인재 이탈을 방지할 수 있었다.

● 데이터 분석 결과 및 활용

IBM의 예측 모델을 통해 이탈 가능성이 높은 직원들을 식별한 후, IBM은 해당 직원들을 대상으로 맞춤형 이탈 방지 대책을 수립했다. 예를 들어, 출장 빈도와 초과 근무 시간이 높은 직원들이 주요 이탈 요인으로 분석된 경우, IBM은 이러한 직원들의 업무 일정을 재조정하거나 초과 근무를 줄이기 위한 조치를 취했다. 이와 같은 맞춤형 대책을 통해 IBM은 이탈률을 25%까지 감소시키는 성과를 거둘 수 있었다. IBM은 이 모델을 통해 인재 이탈을 방지하고 조직 효율성을 높이는 데 성공했다.

● 데이터 분석에 사용된 이탈과 연관된 변수 데이터

- **나이**: 직원의 연령
- **출장 빈도**: 직원의 출장 빈도 (없음, 가끔, 자주)
- **일일 급여**: 하루 동안 받는 급여
- **부서**: 직원이 속한 부서 (연구 개발, 영업, 인사 등)
- **출퇴근 거리**: 직원의 주거지에서 회사까지의 거리
- **학력**: 직원의 학력 (고졸, 대학, 석사, 박사)
- **전공**: 직원의 전공 분야
- **직원 수**: 직원이 근무한 과거 회사의 수
- **업무 환경 만족도**: 직원이 업무 환경에 얼마나 만족하는지 (1: 낮음, 2: 중간, 3: 높음, 4: 매우 높음)
- **성별**: 직원의 성별 (남성, 여성)
- **직무 몰입도**: 직원이 자신의 직무에 몰입하는 정도 (1: 낮음, 2: 중간, 3: 높음, 4: 매우 높음)
- **직무 수준**: 직원의 직급 (1: 낮음, 2: 중간, 3: 높음, 4: 매우 높음)
- **직무 역할**: 직원이 수행하는 업무 역할
- **직무 만족도**: 직원이 자신의 직무에 얼마나 만족하는지 (1: 낮음,

2: 중간, 3: 높음, 4: 매우 높음)

- **결혼 상태**: 직원의 결혼 여부 (미혼, 기혼, 이혼)

- **월 소득**: 직원이 매달 받는 급여

- **성과 평가**: 직원의 성과 평가 등급 (1: 낮음, 2: 중간, 3: 우수, 4: 매우 우수)

- **동료 관계 만족도**: 직원의 동료 관계에 대한 만족도

- **근속 연수**: 직원이 현재 회사에서 근무한 기간

- **근무 환경 만족도**: 직장과 생활 간 균형 (1: 나쁨, 2: 중간, 3: 좋음, 4: 매우 좋음)

- **승진 이후 경과 시간**: 직원이 마지막으로 승진한 후 경과된 시간

- **현재 상사와의 근무 기간**: 직원이 현재 상사와 함께 근무한 기간

- **이탈 여부**(결과 변인): 직원이 회사를 떠났는지 여부 (예/아니오)

| 사례 2 | 김동호 교수의 학습 관리 시스템 로그 데이터를 활용한 학습자 성과 예측 분석

서울대학교 김동호 교수와 연구팀은 학습 관리 시스템LMS에서 자동으로 수집되는 로그 데이터를 분석하여 학습자의 성과를 조기

에 예측하는 연구를 수행했다. 연구팀은 학습자가 LMS 내에서 얼마나 자주 접속하고 토론 게시물 작성 및 댓글 참여 등의 활동을 수행하는지 분석함으로써, 성취도가 낮은 학습자를 조기에 식별하고 필요한 지원을 제공할 수 있는 방법을 탐색했다. 이 연구의 목표는 로그 데이터를 기반으로 학습 성과 예측 모델을 구축하여, 학습 효과를 높이고 맞춤형 지원을 가능하게 하는 데 있다.

●데이터 분석 방식

연구팀은 LMS에서 수집된 학습자의 활동 데이터를 다양한 변수로 분류하여, 학습 성과 예측 모델을 구축했다. 주요 분석 변수로는 LMS 접속 빈도, 토론 게시판 참여도, 게시물 작성 간격의 규칙성 등이 사용되었다. 이러한 변수들을 바탕으로 머신러닝 알고리즘을 적용하여 학습자의 성과와의 상관 관계를 분석하고, 성취도가 낮은 학습자들을 조기에 식별하는 가능성을 검토했다.

●모델 적용 및 성과 예측

머신러닝 기반 예측 모델은 학습자의 LMS 활동 데이터를 토대로 성과를 예측하고, 특히 성취도가 낮을 가능성이 높은 학습자를 사전에 파악하는 데 유용하게 활용되었다. 예를 들어, LMS 접속 빈도와 토론 게시물 작성 빈도가 낮은 학습자는 성취도 저하 가능성이 높은 것으로 나타났다. 이를 통해 교수는 학습 초기에 성취도가 낮을 가능성이 있는 학생들을 식별하고, 조기에 맞춤형 피드백과 학습 지원을 제공할 수 있는 기반을 마련할 수 있었다.

X코스는 전체 학생들이 하나의 공간에서 의견을 교류하는 방식으로, Y코스는 팀 기반 소그룹 활동에 중점을 두어 설계되었다. 연구팀은 이러한 두 비동기식 온라인 코스를 16주 동안 분석하여 학습 성과 예측 모델의 주별 정확도 변화를 추적했다.

●연구 결과 및 활용

연구 결과, 예측 모델은 학습자의 초기 학습 패턴을 통해 성취도가 낮을 가능성이 높은 학습자를 효과적으로 식별할 수 있음을 보여주었다. X코스와 Y코스의 설계 방식에 따라 성과에 영향을 미친 요인 또한 다르게 나타났다.

X코스에서는 학습 시작 후 2주 차에 약 70%의 예측 정확도를 달성했으며, 6주 차에 88.37%에 도달하면서 모델의 예측률이 꾸준히 향상되었다. Y코스는 첫 주부터 70% 이상의 예측 정확도를 보였으며, 중간고사 성적이 반영된 8주 차에는 93.55%에 이르러 성취

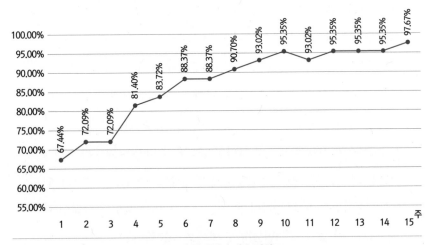

X코스의 전반적인 예측 정확도

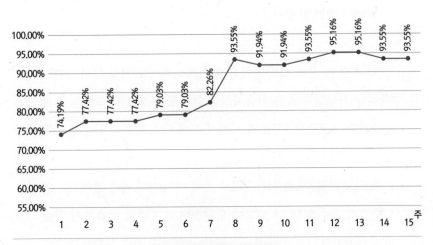

Y코스의 전반적인 예측 정확도

도 예측 정확도가 더욱 높아졌다. 특히 Y코스에서는 중간고사 성적이 중요한 예측 변수로 작용하여, 이후 예측 정확도에 큰 영향을 미쳤다.

이 연구는 LMS 로그 데이터와 같은 일상적이고 파편적인 데이터가 학습자의 성과에 중요한 요인을 포함하고 있음을 입증했다. 학습 관리 시스템의 로그 데이터를 분석하여 학습자의 초기 학습 패턴을 파악하고 조기에 개입함으로써 성과를 예측할 수 있었으며, 이를 통해 성과에 영향을 미치는 특정 요인을 식별하여 성과 향상에 기여할 수 있음을 보여준다. 이러한 데이터 기반 접근 방식은 학습자 맞춤형 지원을 가능하게 하며, 전반적인 학습 효과를 높이는 데 효과적임을 시사한다. 특히, 데이터는 어디에서나 발견할 수 있지만, 실제로 성과를 예측하고 유의미한 결과를 도출하기 위해서는 기업의 상황과 맥락에 맞는 변수를 신중히 선정하고, 기존의 검증된 연구와 사례에서 단서를 찾아 증거 기반으로 분석할 수 있는 안목이 중요하다.

● 데이터 분석에 사용된 학습 성과 예측 변수 데이터

- **LMS 방문 빈도**: 학습자가 LMS에 접속한 횟수
- **LMS 방문 간격의 규칙성**: LMS에 규칙적으로 접속하는지 여부

를 통해 학습자의 일관성을 평가

- **토론 게시판 방문 빈도**: 학습자가 토론 게시판을 방문한 횟수
- **토론 게시물 작성 빈도**: 학습자가 게시판에 작성한 글 수
- **토론 게시물 길이**: 작성된 게시물의 평균 글자 수로, 학습자의 기여 심도를 간접적으로 나타냄
- **토론 게시판에서의 댓글 수**out-degree centrality: 다른 학습자들의 게시물에 댓글을 단 횟수로 상호 작용의 활발성을 평가
- **토론 주제 변경 참여도**: 새로운 토론 주제에 참여한 빈도
- **총 학습 시간**: LMS에서 학습에 투입된 총 시간으로 학습 준비성을 평가

| 사례 3 | 이중학 교수의 오픈 데이터 활용 직장인 인식 변화 분석

가천대 이중학 교수는 본인의 저서 베터 댄 베스트에서 코로나 19 전후 직장인 인식 변화를 데이터 분석을 통해 탐구했다. 이 교수는 잡플래닛과 같은 VoE Voice of Employee 플랫폼에서 수집된 21만 건의 직장인 데이터를 바탕으로, 직장 내에서 승진 기회, 급여, 경영진에 대한 만족도 변화 및 인식 전환을 연구하였다. 이 연구는 코로나

19가 직장인의 업무 환경과 일에 대한 태도에 어떠한 변화를 미쳤는지 파악하는 데 중요한 단서를 제공했다.

●데이터 분석 방식

이중학 교수는 첫 번째로 승진 기회, 급여, 복지 및 급여, 일과 삶의 균형, 조직 문화, 경영진이라는 6가지 항목을 중심으로 직장인들의 만족도를 시기별로 비교했다. 데이터는 코로나19 이전과 이후로 나누어 각 항목에 대한 평균 점수를 분석하였으며, 이를 통해 직장 환경과 관련된 변화된 직장인들의 인식을 수치로 확인할 수 있었다. 이를 보완하기 위해 주관식 설문에서 자주 등장하는 키워드를 토픽 모델링 방법론을 활용하여 분석했다. 토픽 모델링은 대량의 텍스트 데이터를 분석해 주요 주제나 키워드를 추출하는 방식으로, 이 방법을 통해 시기별로 직장인들이 직무 환경에 대해 가장 많이 언급한 키워드의 변화를 파악하였다.

●분석 결과 및 활용

분석 결과, 코로나19 이후 승진 기회와 경영진에 대한 만족도가 전반적으로 감소한 반면, 일과 삶의 균형 및 복지와 급여에 대한 만족도는 일정 수준에서 유지되었다. 특히, 경영진에 대한 신뢰와 만족도가 감소한 것은 팬데믹 상황에서 조직이 제공하는 리더십과 지원에 대한 기대가 충족되지 못한 결과로 볼 수 있었다. 한편, 일과 삶의 균형에 대한 중요성이 부각되며 해당 항목에 대한 긍정적인 평가는 유지되었고, 복지와 급여에 대한 인식도 변하지 않았음을 보여주었다.

이러한 데이터를 기반으로 한 접근 방식은 직장인들이 SNS 플랫폼에서 표출한 감정과 인식을 체계적으로 분석하여, 그들의 목소리를 데이터베이스화하고 시대적 흐름을 파악하는 데 의미 있는 단서를 제공할 수 있는 방법으로 활용될 수 있다고 볼 수 있다. 이는 직장인들의 인식 변화가 시대적 흐름에 따라 어떻게 달라졌는지를 파악하는 데 중요한 단서를 제공하며, 특히 스트레스의 표출이 이루어지는 공간에서의 데이터를 분석한 점에서 중요한 연구적 시도가 될 수 있다.

하늘같은
선배 팀원을 어떻게

면팀장된 선배, 고경력 비보직자와의 커뮤니케이션

어느 날 갑자기 리더라는 포지션이 사라졌다

박 팀장은 며칠 전 본부장으로부터 전화를 받았다.

"박 팀장, 좀 어려운 이야기를 꺼내려고 하는데 최근 운영상의 장애로 고객사에서 CEO에게 직접 클레임을 제기했어. 장애 때문에 고객사에서 입은 손해가 크다고 이야기했나봐. 그래서 부득이 조직 개편을 하기로 했어. 박 팀장 대신 후배인 김 책임을 팀장으로 세우는 것으로. 당장 박 팀장을 다른 팀으로 보내는 건 오히려 부담이 될 수 있으니, 일단 연말까지는 팀원으로 남아서 팀을 도와주고,

그 후에 다른 팀의 자리를 알아보는 게 좋겠어. 그동안 고생했네."

박 팀장은 한동안 말을 하기 어려웠다. 또한 팀을 한 명 한 명 채워가며 이끌어온 시간이 주마등처럼 스쳐 지나갔다.

내가 팀장이 아니라고? 이제는 팀장으로서의 자리를 내려놓고, 이제는 후배 팀장과 함께 팀원이 되어야 하는 상황이 부담스럽게 느껴졌다. 특히 후배인 김 책임이 팀장이 된 이 상황을 어떻게 자연스럽게 받아들이고, 자신의 역할을 어떻게 재정립할지 혼란스럽기까지 하다.

갈수록 늘어나는 팀장 경험자 선배들

최근 조직에서 리더였던 선배들이 다시 팀원으로 복귀하는 사례가 점점 많아지고 있다. 이는 조직이 체질을 바꾸기 위해 젊은 리더를 빠르게 발탁하는 경향이 증가하면서 발생하는 현상이다. 젊은 리더들이 자리를 맡기 위해서는 나이와 연차가 많은 선배 리더들이 자리를 내주어야 하고, 그 결과 리더 경험을 가진 팀원들이 늘어나게 된다.

또한, 리더를 빠르게 검증한 뒤 적합하지 않으면 면免리더로 전환해 다시 전문가의 길을 걷도록 하는 조직의 커리어 관리 방식도 이러한 현상을 가속화하고 있다. 조직은 리더로서 팀과 성과를 관리하는 매니저 트랙과 전문성을 강화하는 전문가 트랙을 나누어 육성한다. 리더로 성장에 관심이 없는 구성원은 자신의 전문성 강화에 집중하고, 리더로 성장할 가능성이 있는 구성원은 빠르게 리더의 기회를 부여받아 적합성을 검증받는다. 하지만 실무자로서 뛰어난 성과를 내던 이들이 리더 역할을 맡으면 어려움을 겪는 경우가 많다. 이는 실무자에게 필요한 역량과 리더에게 요구되는 역량이 다르기 때문이다.

이러한 구조 변화로 인해 연차가 많고 리더 경험이 있는 선배가 있는 팀에 새로운 리더로 보임되는 경우가 늘어나면서 조직 내에서 역할의 혼란이 가중되고 있다. 팀원 입장에서는 시간이 지나면 적응할 수 있지만, 리더에게는 상황이 다르다. 얼마 전까지 자신을 평가하던 선배가 팀원으로 들어온 상황에서, 팀장은 업무 지시와 평가를 해야 하기 때문에 큰 부담을 느낄 수 있다. 이럴 때, 리더 경험이 있는 선배 리더와 어떻게 협력할 수 있을까?

1. 선배의 경험과 연륜을 존중하기

무엇보다 선배의 경험과 연륜을 존중하는 태도를 보이는 것이 중요하다. 현재의 팀장과 팀원의 역할은 조직의 상황에 따라 배정된 것일 뿐, 팀장이 더 훌륭하고 면리더가 된 선배가 부족하다는 시각을 가져서는 안 된다. 오히려 후배로서의 존중뿐만 아니라, 리더로서 선배가 쌓아온 전문성과 경험을 인정하고 그것을 적극적으로 활용할 수 있어야 한다. 예를 들어, 중요한 회의나 프로젝트 계획 단계에서 선배 면팀장에게 조언을 구하고, 그 의견을 반영하는 모습을 보여주는 것이 효과적이다. 이는 다른 팀원들에게도 선배의 경험을 존중하고 있다는 메시지를 전달하고, 선배가 자연스럽게 팀 내에서 중요한 역할을 계속 이어갈 수 있도록 돕는다.

예를 들어, 선배 리더가 과거에 중요한 시스템 문제를 해결한 경험이 있다면, 김 책임이 새 프로젝트를 진행할 때 이를 참고해 조언을 구할 수 있다. "박 책임님, 예전에 비슷한 문제를 해결하신 경험이 있다고 들었는데, 그때 어떻게 트러블슈팅하셨는지 팀 회의 때 공유해주실 수 있을까요?"라고 공식 미팅에서 물어보는 것만으로도 선배의 경험을 존중하는 제스처가 될 수 있다. 이러한 소통은 후배 팀장이 리더로서의 역할을 다하면서도, 선배의 경험을 자연스럽게 인정하고 활용하는 방법이다.

다만 한 가지 고려해야 할 부분은 선배인 팀원의 호칭 문제다. 일부는 선배 팀원에게 '선배님'이라는 호칭을 사용할 수 있지만, 개인적으로 팀 내 공식 직급을 사용하는 것이 더 바람직할 수 있다는 생각이다. '책임', '부장'과 같은 공식 직급을 사용하면서 존중의 태도는 호칭이 아닌 행동으로 표현하는 것이 적절하다. 호칭이 오히려 리더 역할을 수행하는 데 걸림돌이 될 수 있기 때문이다. 존중은 호칭보다는 행동과 태도를 통해 드러내는 것이 가장 효과적이다.

2. 구체적인 역할과 장을 마련하기

신임 팀장은 선배 면팀장에게 구체적인 역할과 기회를 제공하는 것도 중요하다. 단순히 팀원이 아닌, 그의 경험과 전문성을 살릴 수 있는 역할을 맡기는 것이다. 예를 들어, 팀 내에서 멘토링을 담당하거나, 특정 프로젝트의 타스크 리더로 임명해 그가 권한을 발휘할 수 있는 영역을 제공하는 것도 좋은 방법이다. 이를 통해 선배 면팀장이 자신의 경력과 역량을 지속적으로 활용할 수 있으며, 자존감을 지키면서 팀에 기여할 수 있다.

실제로, 박 팀장이 팀의 기술적 지식이나 경험이 풍부하다면, 팀원들에게 멘토링을 제공하거나 특정 프로젝트에서 중요한 결정을 주도하게 하는 방식으로 역할을 줄 수 있다. 이렇게 하면 선배가 단순히 팀원이 아닌 중요한 역할을 맡고 있다는 인식을 팀 전체에 심어줄 수 있으며, 박 팀장은 자신의 전문성을 계속 발휘할 수 있게 된다.

3. 정기적인 1:1 피드백과 소통

마지막으로, 신임 팀장과 선배 면팀장 간의 정기적인 1:1 소통과 피드백이 필수적이다. 신임 팀장은 정기적으로 선배와 1:1 미팅을 통해 팀 내 상황이나 프로젝트에 대한 의견을 교환하고, 선배의 필요나 불편한 점을 확인하며 지원할 수 있어야 한다. 이러한 소통은 면팀장된 선배에게도 동기 부여가 되며, 팀 내에서 여전히 중요한 역할을 맡고 있다는 소속감을 느끼게 해준다.

결국, 신임 팀장은 선배 면팀장을 팀의 중요한 자산으로 여기고, 그와 협력적인 관계를 구축함으로써 팀 내 성과를 극대화할 수 있다. 이러한 접근은 단순한 협력 이상의 의미를 지닌다. 선배 면팀장은 경험과 연륜을 지닌 중요한 자원이자 전력화될 수 있는 인재다. 만약 그들이 좌절하거나 동기가 저해되어 리더십에 반발하는 역할을 하게 된다면, 팀 성장에 저해 요소가 될 수 있다. 그러나 그들의 경험을 인정하고 성공적인 과거를 존중하며, 새로운 기회를 부여할 때, 이들은 팀에 놀라운 자산으로 거듭날 수 있다.

관점을 전환하여 과거에 성공하고 인정받았던 우수 인재에게 서포트받을 기회라고 생각해 보자. 이들은 단지 팀원으로 돌아온 것이 아니라, 여전히 팀의 성장을 촉진할 수 있는 중요한 역할을 할 수 있다. 신임 팀장은 이러한 기회를 통해 팀의 전체 역량을 끌어올릴 수 있으며, 선배 면팀장 역시 자신이 여전히 조직 내에서 중요한 위치에 있다는 자부심을 느낄 수 있게 될 것이다.

리더 롤모델 되기

리더 되기를 기피하는 시대, 리더에게 남겨진 새로운 과제

리더 되기를 기피하는 시대

최근 많은 직장인들이 리더 역할을 기피하고 있다. 예전에는 팀장 승진이 성공의 상징으로 여겨졌지만, 오늘날 MZ세대를 비롯한 젊은 직장인들은 리더가 되는 것에 대해 회의적인 태도를 보인다. 실제로 여러 설문 조사에서 20~30대 직장인의 41.7%가 승진에 관심이 없다고 응답할 정도로 리더 역할을 꺼리는 경향이 점점 뚜렷해지고 있다. 이러한 현상의 이유는 다음 세 가지로 요약될 수 있다.

첫 번째 이유는 리더 역할에 대한 부담감이다. 팀장이 된다는 것

은 단순한 승진을 넘어서, 팀 전체의 성과와 문제를 책임져야 하는 역할이다. 성과에 대한 압박, 갈등 해결, 전략적 의사 결정 등의 복잡한 책임이 따르기 때문에 많은 직장인들이 이 부담을 피하고 싶어 한다. "팀장으로 승진하면 이직하겠다"는 농담은 리더의 무게를 실감한 직장인들의 솔직한 심정을 반영한다.

두 번째는 대인 관계에서 오는 리스크다. 리더는 상사와 팀원들 사이에서 기대와 요구를 조율하며, 그 과정에서 갈등을 해결해야 한다. 상사의 기대와 팀원들의 요구가 충돌할 때, 그 갈등을 조정하는 과정은 큰 정서적 부담을 야기한다. 이러한 대인 관계에서의 어려움은 리더 역할을 회피하고 싶게 만드는 중요한 요인 중 하나다.

세 번째 이유는 개인의 가치관 변화다. 워라밸(일과 삶의 균형)을 중시하고 자신의 시장 가치를 중요하게 생각하는 직장인들에게는, 보상에 비해 책임이 더 큰 리더 역할이 매력적이지 않다. 팀장이 된다는 것은 더 많은 자유와 유연성을 잃게 되는 것처럼 느껴지기 때문에, 젊은 직장인들은 리더로서의 승진보다 자신의 경력과 시장가치를 높이는 데 더 많은 관심을 기울이고 있다.

리더에게 남겨진 과제: 리더십 롤모델 되기

리더십은 여전히 조직에서 중요한 역할을 한다. 리더는 단순히 책임을 지는 역할이 아니라, 팀원들의 성장을 끌어내고 그들이 성과를 낼 수 있도록 지원하며, 함께 성취감을 느끼는 긍정적인 리더십을 발휘해야 한다. 리더는 팀이 목표를 달성하고 성과를 인정받을 때, 팀 전체의 성장을 끌어내는 기쁨을 느낄 수 있다. 팀원들이 자신의 역량을 발휘하고 발전하는 모습을 지켜보는 것은 리더로서만 누릴 수 있는 특별한 경험이다. 이 과정에서 리더는 자신만의 보람과 성취를 느끼게 되고, 리더십의 진정한 가치를 실감하게 된다.

리더의 핵심 역할은 팀원들이 잠재력을 발휘할 수 있는 환경을 조성하고 그들이 커리어와 목표를 성취할 수 있도록 돕는 것이다. 단순히 성과를 요구하는 리더십이 아니라, 팀원들의 성장을 독려하고 그들의 성과를 함께 기뻐할 수 있는 리더가 되어야 한다. 팀원들이 스스로 성장하고 더 나아가 팀 전체가 발전하는 과정을 지지하는 것이 진정한 리더십의 역할이다.

따라서, 모든 구성원에게 리더가 되라고 요구할 필요는 없다. 리더의 중요한 역할은 구성원 한 명 한 명이 자신의 성장 목표를 구체화하고, 그 목표를 달성할 수 있도록 응원하는 것이다. 그 과정에서 리더가 되기를 꿈꾸는 팀원이 있다면, 선배 리더로서 긍정적인 롤

모델을 보여주면 된다. 리더는 단지 지시자가 아니라, 팀원들이 자신의 잠재력을 발휘할 수 있도록 성장과 성과의 여정을 함께하는 동반자가 되어야 한다.

박한규 박사, SKT AI L&D(Learning & Development) 담당

Q **간단한 소개를 부탁드립니다.**

'가난한 부자(Poor rich)'라는 비전을 가지고 HRD 분야에 몸담고 있는 박한규입니다. 현재 SKT에서 AI L&D를 담당하고 있는데, 이전까지는 직무 교육, 리더십 개발, 조직 문화 진단, 직원 경험 (Employee Experience), 조직 개발 등의 업무를 지속해 오다가 AI의 대변화를 맞이하게 되었습니다. 10년 전 박사논문 주제였던 직무 재창조(Job Crafting)를 현장에서 구현해야 하는 상황을 맞이하게 된 것인데, AI 영역에서의 새로운 경험과 네트워크가 조직 개발과 리더십 개발에도 큰 도움이 되고 있음을 느낍니다. '기록이 기억을 지배한다'는 신념으로 SNS에서 꾸준히 AI L&D 활동을 기록하고 있습니다.

Q **역량과 리더십 개발을 넘어 AI 중심의 조직 개발을 진행 중이시라고 들었는데, 현재 어떤 변화를 진행하고 계신지 나누어 주세요.**

"당신은 한 달 챗GPT 구독 비용으로 얼마까지 지불할 의사가 있

으십니까?"라는 질문을 던져보면 대부분의 사람들은 현재 구독 비용인 3만 원 이상은 지불할 의사가 없다고 답합니다. 이는 많은 이들이 AI의 가치를 아직 체감하지 못한다는 점을 보여줍니다. 반면 AI를 업무에 활용 중인 사람들의 답변은 다릅니다. 심지어 월 100달러(15만 원)까지도 지불할 의사가 있다고 합니다. 개발자는 "챗GPT 없이는 코딩하던 시절을 상상할 수 없다"고 말하고, 교수들 중에서는 "똘똘한 석·박사 2명을 조교로 둔 것 같다"고 표현하는 분들도 있습니다.

어느 날 SKT 전사 임원 회의체에서 사장님은 작심 발언을 하셨습니다. 1시간 반이라는 긴 시간 동안 AI 학습의 중요성을 설파하셨는데, 이로 인해 전사의 분위기가 바뀌었고, 실질적 예산 배정을 통해 변화가 시작되었습니다. 저희 부서에서는 이 흐름에 따라 Level 1~3의 AI 종합 육성 체계를 구축하고 이를 매월 업데이트하고 있습니다. Level 1은 온라인을 통해 생성형 AI 기본 소양을, Level 2는 실습 중심으로 활용 방법을, Level 3는 고급 AI 개발자를 대상으로 최신 AI 논문을 리뷰하는 과정으로 구성됩니다. 이렇게 구축된 AI Literacy Credit 인증제는 직원 개개인의 AI 역량 수준을 증명하며 고가 평가에서도 중요한 참고 자료가 됩니다.

이런 맥락에서, 회사는 조직 문화 차원에서 구성원의 'AI Literacy'를 높이는 데 큰 중점을 두고 있습니다. AI Literacy란 'AI를 이해하고 활용하는 능력'을 뜻하는데, 현업의 엔지니어뿐만 아니라 재무나 HR과 같은 스태프 역할을 수행하더라도 기본적으로 AI를 이해하고 다양한 use case를 접하는 것의 중요성을 강조하고 있습니다.

Q **조직 문화 차원에서 AI를 자연스럽게 경험하도록 어떤 노력을 하고 있습니까?**

조직 문화는 단순한 1회성 Formal Learning의 형태로는 완성되지 않습니다. 조직 내에서 자연스럽게 학습이 이루어질 수 있도록 환경을 만들어야 하는데, 이는 업무 속에서 AI를 직접 경험하며 학습할 수 있는 Informal Learning 환경을 조성하는 방식을 통해 가능합니다. 저희는 구성원들이 AI를 직접 체험할 수 있도록 AI 체험 환경을 구축하는 데 주력하고 있으며, 그 대표적인 예가 SK그룹의 'Playground'와 우리 회사의 'SmartBee'입니다.

'Playground'는 mySUNI에서 제공하는 생성형 AI 포털로, 범용적인 AI Chat 기능 외에도 프롬프트 Hub, 프롬프트 기반 게임 등의 다양한 기능을 제공합니다. SmartBee는 여러 LLM을 번갈아 사용할 수 있는 시스템으로, 기본적인 Chat 기능 외에도 이미지 생성과 번역까지 가능하게 합니다. 중요한 점은 이 시스템이 사내 인트라넷 안에서 운영되어 사내 업무 데이터를 접목할 수 있다는 사실입니다. 이 외에도 LMS(학습관리시스템)에 LLM을 접목하여 개인화된 성장을 지원하는 인공 지능 기반의 학습 큐레이션 시스템인 SAM(Smart AI Manager)을 운영하고 있습니다. SAM은 학습과 콘텐츠 추천, 과정 수강 신청까지 개인 맞춤형으로 지원하여 구성원들의 AI 활용 환경을 돕고 있습니다.

가상 공간에서 AI 체험을 지원하는 한편, 현실 공간에서도 AI 노출 빈도를 높여 일상에 자연스럽게 녹아들도록 하고 있습니다. 예를 들어, GAAC(Gen AI Art Challenge)라는 생성형 AI 공모전을 통해 AI 미술 작품이 회사 로비와 식당에 게시되고, AI 작사와 작곡으로 만들어진 음악이 사내 곳곳에서 흘러나오도록 하여 '눈으로 보고 귀로 듣는 조직 문화'를 형성했습니다. 하지만 이러한 부수적인 효과를 넘어서, 구성원들이 생성형 AI를 사용하며 AI가 무엇인지, 어디까지 활용할 수 있는지를 직접 경험하는 기회를 제공했다는 점이 가장 중요한 성과입니다.

Q **본인이 생각하는 조직 개발을 통한 변화에서 가장 중요한 점은 무엇이라 생각하시나요?**

"조직 개발은 거리를 늘리는 것이 아니라 각도를 트는 것"입니다. 1도만 달라져도 1km를 가는 것보다 더 큰 의미가 있습니다. 그리고 이러한 각도를 트는 역할은 많은 부서들 중 오직 조직 개발 전문가와 해당 팀만이 수행할 수 있는 중요한 임무입니다.

최근 AI는 전파 속도가 매우 빨라지고, 그 파급력도 강력해지고 있습니다. 딥러닝을 창안한 제프리 힌튼 교수가 물리학상을, 구글의 딥마인드 CEO가 알파폴드를 통해 화학상을 수상하는 등, AI의 혁신은 이제 조직과 과학 전반으로 퍼지고 있습니다. 이 거대한 AI의 물결 속에서 조직 개발과 HRD 담당자들은 구성원들이 이 변화를 현명하게 극복할 수 있도록 돕는 역할을 해야 합니다. 이 거센 변화의 파고를 지혜롭게 헤쳐 나가며, 구성원들이 변화 속에서도 성장할 수 있는 조직을 만들어 가기를 바랍니다.

> "지금으로부터 1년 후, 당신은 '그때 시작했더라면 좋았을 텐데'라
> 고 아쉬워할 것이다."
>
> -캐런 램

하버드 AMP 최고경영자 과정에서는 DVP^Desperation-Vision-Plan 진
단 도구를 사용한다. 이는 보스턴 경영대학원 리처드 베카드와 루
벤 해리스의 변화 방정식에서 시작된 도구로, 현재 상태에서의 변
화 가능성을 수치화하여 평가한다. DVP의 구성 요소는 세 가지로,
첫 번째는 '데스퍼레이션^Desperation'이다. 이는 현재 나의 상태에 대
한 위기 의식과 변화 필요성을 느끼는 정도를 의미한다. 두 번째는
'비전^Vision'으로, 1년 또는 3년 뒤 내가 변화했을 때의 모습에 대한
명확성과 그 모습에 도달할 수 있다는 확신 정도를 말한다. 마지막
으로 '플랜^Plan'은 이러한 변화를 실현하기 위한 구체적인 실행 방법
과 계획을 의미한다. 이 세 가지 요소의 각 영역에 대해 10점 만점으
로 평가한 점수를 곱하고, 10으로 나누어 산정한다:

$$변화 \ 가능성 = \frac{D^{Desperation} \times V^{Vision} \times P^{Plan}}{10}$$

이렇게 나온 점수가 60점 이상이어야 변화가 가능하다고 판단하는데, 실제로 DVP가 60점을 넘기기는 상당히 어렵다. 여기서 중요한 것은 데스퍼레이션, 즉 현재 상황에 대한 불만족 지수도 포함된다는 점이다. 구체적인 변화 계획이 있다 하더라도 현재 상황에 만족하고 있다면, 변화를 이루기는 어려움을 의미한다.

최근 급격한 변화는 우리를 완전히 새로운 질서, 즉 뉴노멀의 시대로 이끈다. 코로나19의 확산 이후 우리는 유례없는 인플레이션을 경험했으며, 현재 세계 곳곳에서는 갈등과 위기가 지속되고 있다. 이러한 거대한 변화 속에서 개인은 때로 무력감을 느끼기도 한다. 그러나 오히려 이 시기가 스스로 변화할 기회가 될 수 있음을 기억해야 한다. 리더로서든 한 개인으로서든 말이다.

"Change와 Chance는 한 글자 차이다." 위기로 인해 원치 않는 변화를 맞이하게 될 수도 있지만, 그것이 곧 기회가 될 수도 있다. 위기의 순간이 누군가에게는 위협으로 느껴지겠지만, 또 다른 누군가에게는 새로운 시작의 계기가 될 수 있다. 변화의 기회는 먼저 준비하고 적극적으로 개척하는 사람에게만 열린다.

무언가 변화를 시도하는 것은 쉽지 않다. 그중에서도 본인이 본인을 변화시키는 것이 가장 어려운 일이 아닐까? 매일 반복되는 일상, 익숙한 사람들과의 관계, 안정적인 현재의 삶을 바꾸는 일은 큰 용기를 필요로 한다. 그러나 이 책을 마무리하며 새로운 변화를 시도해 보시길 권하고 싶다. 나 역시 두 번째 책을 내기로 결심하는 데 적지 않은 시간이 걸렸고, 그 과정 또한 변화의 연속이었다.

"우연은 간절한 사람을 돕는다"는 말처럼, 개인의 경력은 예기치 않은 사건과 우연한 기회들에 의해 형성되는 경우가 많다. 존 크럼볼츠의 '계획된 우연 이론'은 커리어가 완벽하게 계획된 결정들로만 이루어지지 않으며, 우연한 기회들이 개인의 성장과 변화를 이끈다는 사실을 강조한다. 그러나 이런 우연은 저절로 찾아오는 것이 아니라, 호기심, 인내심, 유연성, 낙관성, 모험 감수와 같은 태도에 의해 촉진된다.

돌아보면 나 또한 많은 우연의 도움을 받아왔다. 그 과정에서 실패와 좌절을 경험하기도 했지만, 오히려 그러한 실패가 새로운 기회를 가져다 주기도 했다. 기회를 스스로 만들기는 어렵다. 그러나 호기심을 갖고, 인내하며, 유연하게 상황에 적응하고, 낙관적으로 새로운 도전을 받아들이는 선택은 누구나 할 수 있다. 이 책이 여러분의 삶에서 그러한 우연을 계획하고 새로운 기회를 만들어가는 데 작은 계기가 되길 기대하며 책을 마무리하고자 한다.

참고문헌

PART 1

Cummings, T. G., & Worley, C. G. (2016). *Organization development and change*. Cengage Learning.

Gallup. (2023). "State of the Global Workplace 2023 Report". Gallup. Retrieved from https://www.gallup.com

Georgopoulos, B. S., & Tannenbaum, A. S. (1957). "A study of organizational effectiveness". *American Sociological Review*, 22(5), 534–540.

Google. (n.d.). "Understand team effectiveness". Retrieved from https://rework.withgoogle.com/

Jex, S. M., & Britt, T. W. (2017). *Organizational psychology: A scientist-practitioner approach*. John Wiley & Sons.

Klotz, A. (2021, May 10). "The Great Resignation [Interview]". Bloomberg. Retrieved from https://www.bloomberg.com/news/articles/2021-05-10/quit-your-job-how-to-resign-after-covid-pandemic

Kotter, J. P. (1996). *Leading change*. Harvard Business School Press.

Lewin, K. (1947). "Frontiers in group dynamics: Concept, method, and reality in social science; social equilibria and social change". *Human Relations* 1(1), 5–41.

Liden, R. C., Wayne, S. J., & Stilwell, D. (2000). "A longitudinal study on the early development of leader-member exchanges". *Journal of Applied Psychology* 85(4), 672–674.

Lippitt, R., Watson, J., & Westley, B. (1958). *Dynamics of planned change*. Harcourt, Brace.

Podsakoff, P. M., Whiting, S. W., Podsakoff, N. P., & Blume, B. D. (2009). "Individual- and organizational-level consequences of organizational citizenship behaviors: A meta-analysis". *Journal of Applied Psychology* 94(1), 122-141.

Voluntās. (2024). "Meaningfulness at Work Report". Retrieved from https://voluntas.com/meaningfulness-at-work-2024/

PART 2

Deci, E. L., & Ryan, R. M. (1985). *Intrinsic motivation and self-determination in human behavior*. Springer Science & Business Media.

Graen, G. B., & Uhl-Bien, M. (1995). "Relationship-based approach to leadership: Development of leader-member exchange (LMX) theory of leadership over 25 years". *Leadership Quarterly* 6(2), 219-247.

LSA Global. (n.d.). "LSA 3X Organizational Alignment Model". Retrieved from https://lsaglobal.com/insights/proprietary-methodology/lsa-3x-organizational-alignment-model/

Simons, D. J., & Chabris, C. F. (1999). "Gorillas in our midst: Sustained inattentional blindness for dynamic events". *Perception* 28(9), 1059-1074.

Wrzesniewski, A., & Dutton, J. E. (2001). "Crafting a job: Revisioning employees as active crafters of their work". *Academy of Management Review* 26(2), 179-201.

조태준, & 이상훈. (2016). "리더의 동기 부여 언어와 위기감 조성이 조직 효과성에 미치는 영향". <평생교육·HRD 연구> 12(3), 79-109.

PART 3

Kotter, J. P. (1996). *Leading change*. Harvard Business Review Press.

스콧, K., 박세연 (역). (2019). <실리콘밸리의 팀장들: 까칠한 인재마저 사로잡은 그들의 지독한 솔직함>. 청림출판.

여성동아. (2023). "일 잘하는 MZ만 모아놓은 GS25 '갓생기획팀' 대해부". Retrieved from https://woman.donga.com/money/article/all/12/4408639/1

이승건. (2023). "토스의 정보 공유와 신뢰 문화". [YouTube]. Retrieved from https://youtu.be/uPhHPO98M84

잡코리아. (2023). "MZ세대 직장인 임원 승진 인식조사". Retrieved from https://www.newsian.co.kr/news/articleViewAmp.html?idxno=60338

PART 4

Justice, J. (n.d.). "The Anti-Handbook Handbook". Agile Academy.

Schein, E. H. (2004). *Organizational culture and leadership*. Jossey-Bass.

장재연, & 조태준. (2021). "링커십 진단도구 개발 및 타당화 연구". <역량개발학습연구> 16(2), 1-25.

클리프턴, 도널드 오., & 루스, 폴 (역). (2015). "위대한 나의 발견 강점혁명". <한국경제신문>.

PART 5

IBM. (n.d.). "Watson AI 및 HR 애널리틱스". Retrieved from https://www.ibm.com/watson

Inspira AI Corp. (2024). "Inspira AI Corp. reveals groundbreaking study on AI vs human management in modifying workplace behavior". Retrieved from https://sproutnews.com/inspira-ai-corp-reveals-groundbreaking-study-on-ai-vs-human-management-in-modifying-workplace-behavior/

Kim, D., Park, Y., Yoon, M., & Jo, I. H. (2016). "Toward evidence-based learning analytics: Using proxy variables to improve asynchronous online discussion environments", *The Internet and Higher Education* 30, 30-43.

이재진. (2020). <비즈니스 파트너, HR 애널리틱스>. 온크미디어.

이중학. (2023). <베터 댄 베스트: 최고가 되기보다 어제보다 성장하려는 가치가 중요하다>. 클라우드나인.

성장하는 조직의 리더십 코드

초판 인쇄 2025년 1월 17일
초판 발행 2025년 1월 24일

지은이 정석훈

기획/편집 공홍
마케팅 총괄 임동건
마케팅 안보라
경영지원 임정혁 이순미

펴낸이 최익성
펴낸곳 플랜비디자인

표지 디자인 페이퍼컷
본문 디자인 공홍

출판등록 제2016-000001호
주소 경기도 화성시 동탄첨단산업1로 27 동탄IX타워 A동 3210호

전화 031-8050-0508
팩스 02-2179-8994
이메일 planbdesigncompany@gmail.com

ISBN 979-11-6832-153-3 (03320)